U0061030

建築師

妙手旺宅

陰陽 五行 生旺

修訂版

順形勢
生剋制化佈妙局

聚吉氣
安居樂業利家族

蔣匡文 編著

建築師妙手旺宅
修訂版

著者
蔣匡文

編輯
吳春暉

封面設計
Venus

版面設計
萬里機構製作部

出版者
萬里機構出版有限公司
香港鰂魚涌英皇道1065號東達中心1305室
電話：2564 7511
傳真：2565 5539
電郵：info@wanlibk.com
網址：http://www.wanlibk.com
　　　http://www.facebook.com/wanlibk

發行者
香港聯合書刊物流有限公司
香港新界大埔汀麗路36號中華商務印刷大廈3字樓
電話：2150 2100
傳真：2407 3062
電郵：info@suplogistics.com.hk

承印者
美雅印刷製本有限公司

出版日期
二零一九年二月第一次印刷

今日西方各國人士都講環境學，但是在最先進的美國及歐洲，有不少富貴豪宅，均受到地震、龍捲風、泥石流等大災破壞。

究其原因，這是因為建造者執迷現今科學，以為人定勝天，在一些有高度危險性的地方選址建屋。用現代的語言解釋，他們建屋時未有適當的危機評估（Risk Assessment）。各位購買房屋，其主要目的是安居樂業，但今日一般的建築師所設計及建造的房屋，並不能使住客入住後是可以從此生活快樂到永遠（Live Happily Ever After）。

環境學的目的，理應可以幫助解決上述的問題，但是大家如果究其內容，今日西方之學說只是「拉雜成軍」，說一些綠化、低碳等虛浮的概念，既無系統，也無完整的學理，沒有理據保證居者可以安居樂業。

反觀中國傳統文化中之堪輿風水，是一套最有系統的環境學說，由於以往堪輿學需要徵驗，又沒有標準考試制度，有不少騙徒、神棍都利用此名堂混水摸魚，俗語謂「風水佬呃你十年八年」，所以從古以來，風水師的社會地位不高，很多是九流術士。但觀歷史上，不少英明開國皇帝，都擁有一位精通術數

的國師扶助大業，漢高祖有張良，唐太宗有李淳風，明朱元璋有劉伯溫，這些都是一代明主，甚麼原因令他們在決策上都倚重這幾位國師？今日西方人對此學趨之若鶩，也正反映這套學術有其實用價值。

2012年筆者在西班牙教完一批外國學生學風水，回港後徒弟吳春暉便提議把一些新舊文章編集成書。編寫工作中，徒弟梁冠文功勞最大，李遠標負責的「香港十八區」平面圖也記一功。

不知不覺這已是個人第十本書，由於前版不少書稿早已絕版，有些書，本人都只餘兩本，要看只可在香港的大學及公眾圖書館借，為了回報舊雨新知的要求，這次是一個較有系統的編集，有舊作有新題，目的是為風水堪輿這個題目作出一個初階入門，解答一些日常風水所遇到的疑問，也希望可以讓學者了解，風水是一套有規劃，有公式的術數，至於信與不信，大家不妨在自己家中或找朋友的一些例證來證實一下，才作一個決定。

蔣匡文

去除神秘看風水

風水是否可信

有不少朋友曾問我：「你是個受過高深教育的人，為什麼會信堪輿風水這類『迷信』的東西呢？」

更有些朋友說：「風水這類東西，信則有，不信則無。所以還是不要事先知道自己的前途為好，只要自己努力，便可以改變未來。」究竟「風水」是否可信呢？有不少朋友自然會認為筆者必賣花讚花香，為術數這東西辯護。

無法解釋不代表沒有道理

首先要說的是，本人並非以風水之事為謀生之道，乃是另有職業之人，研究風水只是為興趣所在。筆者自幼接受西方的「科學」教育，篤信「科學」原理，但正因為對「科學」有研究，所以知道「科學」之不足，有些現象是現今科學不能解釋的，這不是要說這現象不存在，只是可能現今的科學研究還未能達到那一層次，未能得出正確的原理。

舉個例子：在平常的情況下，人們都不會注意到氧氣對人體的重要性，但是如果沉在水中，便會知道氧氣的寶貴。風水中有一個最基本的原則，叫作「地傑人靈」，也就是說，堪輿是一種自然法則，如果某人是「行正時運」，他所做的一切事，都會符合這種「堪輿法則」，根本不需要去看風水。

但正如俗語說：「風水輪流轉」，人有「三衰六旺」，有很多時候都不一定是在其最好狀態，「堪輿」的主要作用，就是去幫助這些人改善其生活「環境」，趨吉避凶。

風水是一種實際學問

現在可以舉一個實例，證明風水(對某人某地的影響)。

筆者的一位師兄弟，是飲食業的名人，為某大酒店集團的中菜飲食主持人。有一次，因其酒店集團要在九龍尖沙嘴某新酒店開一間中餐廳，他便找筆者的師父為他看風水，改善設計。由於地點關係，該中餐廳設在酒店的第三層地庫下，由地面到該地庫，要經過兩層商店走廊，而且也不能用行人電梯直達，要經過兩層團團轉的樓梯才可到達，地點可謂「非常之不方便」。在一般情況下，這酒家的生意一定不太好。而地庫的上兩層，由於較近地面及有電梯直達，理論上生意應該不俗，該處更有一些店舖給其他「名家」看過後，認為風水不錯。

多層商舖

　　筆者的師父只為酒家看風水，他根據玄空的原理，指定了該中餐廳基本設計、顏色、大門方向等，還在該酒家的大門外，加上一個九級的流水水車設計，並指定該水車要不停轉動才好。該酒店開幕後，地庫第一層及第二層的商店，不知道是因為地點問題，還是風水不合理，生意非常之差，不到兩年，差不多所有的店舖都已易主或易手，連那些經「名家」看過風水的店舖也不能倖免，有些店舖更易手兩三次之多。但當時認為地點最差的中餐廳，生意剛好與這些商店相反，異常興隆，客似雲來，與冷清清的商場，形成強烈的對比。

酒樓生意興隆，如魚得水。

如商場中鮮有顧客光臨，請名師指點一下，必有改變。　　　　　　　　人氣鼎盛的商場

有人可能會說，這應該與該酒家的服務態度、出品等因素有關，風水只是一種心理安慰及附會而已。

該酒家開幕後大概三個月時間，生意突然急轉直下，筆者的師兄弟急忙找尊師去研究出了什麼問題。尊師到達現場觀察時，一切事物未有改變，只是門前的水車未轉動，追問之下，原來該水車的水泵已壞了多天，因為工程人員未及時來修理，因此未有開動。尊師急忙要求把水車立刻修好，當水車轉動之後，該酒家的生意又「神奇」地回復正常。自此之後，酒家便下令專人留意該水車的情況，遇有問題，如上午發現，一定要下午修理好。經此一事後，該酒家的生意蒸蒸日上，歷久不衰，一直都沒有再發生問題。

從上述例子中，大家或者可以想一想，這種「堪輿」是附會還是一種實際學問？以上例子中所用玄空一派的學說，不是今日才發明的，而是有幾百年以至幾千年以上歷史的古代學問，如果只用一句「迷信」便否認其存在，而不去尋求辯證甚至反證，這是否才是「不科學」呢！

風水與天地之「氣」有關

很多人一談到風水，便將之與神秘的玄學、宗教鬼神的事連在一起，其實，這只是井蛙之見。真正對「堪輿」有認識的人都知道，風水與天地之「氣」有關。

這種「氣」之學說，是積前人多年的「徵驗」而得來。比方說，你看見天上有密雲，後來便下大雨了，若一而再、再而三地看到同樣的情形，那麼以後看見天上有密雲時，便會推測有雨將至。若是一個從沒看過天空有密雲而後下雨的現象的人，見你預測準確，可能會以為你是個懂天地奧秘的神仙。一般來說，中國許多古老學說的發展，都是基於體驗累積而成的，只不過一般人對風水之事少接觸，再加上江湖術士故作神秘，於是便使人如入雲霧之中，不知所從。

雨隨密雲而至，就是一種基於體驗的「徵驗」。

風水是一種應用學科

風水基本上是一種應用學科（applied subject），由物理、心理、社會形態等多個學科，以及一些現代科學未能解釋的現象組合而成。打個比喻，風水就像一碟炒飯，炒飯裏有蝦、蛋、飯等材料，但我們很少去理會各種材料的份量多寡，這些只有廚師才清楚，我們只知道炒飯是否好吃。

風水是否科學呢？現代有不少堪輿家試圖解釋風水為古代中國人的一種科學。但就事實而言，風水雖則與現代科學有關，但卻缺少了科學實驗中所用的方法，所以不會像現代科學那樣準確推測事情的發生。而且風水學中有部份是現代科學知識未能給予「合理」解釋的，所以風水並非一種普通意義上的科學。

既然風水不是科學，那麼風水是否可信呢？首先要指出的是，現代科學也非百分之百解釋到現存的一切現象。科學需要依靠實驗儀器來推斷各種現象，如果實驗儀器不完備，便發現不到某些現象，也無從解釋。筆者認為風水是中國幾千年流傳下來的一種學術，其中有不少迷信成分，不過，若能真正體驗其功用，就會發現風水堪輿是非常實用的，有存在的價值。可能在將來，有更好的科學方法能夠驗證其道理，可以用科學方法解釋其神秘。

如上所說，堪輿學中也包含了現代科學的成分，例如人類生態、心理、物理學等，堪輿學都有合理的解釋。

風水的現代説法

　　雖然風水尚不能稱為一種普通意義上的科學，但當中也包含了一些現代科學的成分。我們試着就風水學的説法，提出一些現代的假設（hypothesis）及解釋，希望讀者明白風水學與科學的關係。

風水學與光學的關係

　　堪輿家看家宅風水時，往往叫戶主掛幅畫或張貼紅紙等。不少朋友對此感到奇怪，不明所以。其實風水學和光學是有一定關係的，從古代的風水典籍便可窺見一二。舉例説，在風水學上，如果某宅面對水池，而水池又位於其吉方或凶方，則該宅便會受其影響而發生或吉或凶的事。然而，如果某宅和水池距離愈近，則其影響則愈小；反之，距離愈遠，則由於「斜光反射」，吉凶的感應就愈大。這正好和光線折射的原理相近。

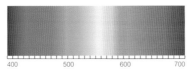

光學上的可見光光譜圖

波長增加（單位：納米）

水池對住宅的影響，源於「斜光反射」，與光線折射原理相近。

除此之外，風水中有所謂「飛星」之道。在三元玄空派的風水中，有九宮飛星。古代相傳這天上之氣，循環於四方，分別以一至九之數代表，一白、二黑、三碧、四綠、五黃、六白、七赤、八白、九紫。其中以白和紫為吉星。如果我們把一至九分列為直線，便可見到其顏色是由黑到較冷的綠、碧等色至赤紫等較熱的顏色，和光學上的光譜很相似。況且其一白、六白和八白都是白色的，有人推測這些可能是人的肉眼看不到的射線，例如六白可能是近紅外線（infra-red），九紫則近紫外光（ultra-violet）。古人可能從各類徵驗中知道這些「無形的能量」的存在，故以符號代替之！

東南	南	西南
四綠	九紫	二黑
三碧	五黃	七赤
八白	一白	六白
東北	北	西北

（東 在左側，西 在右側）

天上之氣以一至九之數代表，一白、二黑、三碧、四綠、五黃、六白、七赤、八白、九紫。

風水學與水的關係

從化學及物理學得知，水是由氫離子（hydrogen ion H+）和氫氧離子（hydroxide ion OH-）組成的。在自然的情況下，兩組離子是共同存在的，因此水便可以電磁力「極化」（polarization），將正負離子分解。

我們知道人類百分之八十是由水組成的，於是體內的水份亦可「極化」。假如人居於海邊或湖邊，海或湖的水份在自然的「極化」作用下，會否對人身體造成慢性和長遠的影響呢？現代科學

大霧籠罩下的高層建築

似乎沒有對此作深入的研究，然而，古代先民卻可能因注重生活細節而研究出一些結果。人住在近海邊或家居高處有霧處就會發現，得風濕、骨痛、關節炎的機會會增加，這不就說明了環境中水份是可能對人有間接影響的嗎？

風水學與磁力的關係

風水家在觀察某住宅的風水時，都手持「羅經」（羅盤），以辨別住宅的方向，從而判斷吉凶。

「羅經」基本上是中央帶指南針的木盤，上刻有各種方向的標記。羅經的作用是分辨方向，這說明磁場和風水有一定關係。

近代科學研究指出，鴿子可辨別方向飛返家中，是由於其血液所含的鐵質（haemoglobin）是有極性的，鴿子能適應到地球磁場對其所起的作用，因而能分辨方向。

海邊的房子

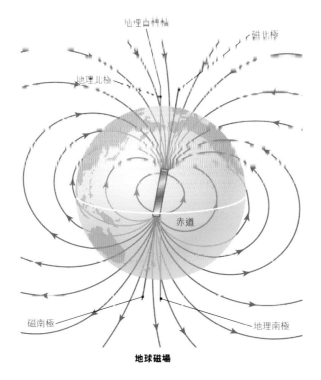

心理自轉軸　　磁北極

地理北極

赤道

磁南極　　　　地理南極

地球磁場

　　人體的血液亦含有鐵質，故此睡覺時總有點習慣性，睡慣了某個方向，便不會改變。假設一個人一生人都不搬屋，如果每天睡八、九小時，那就意味着一生人中有三分之一時間，是受某一角度的地球磁場影響，那麼血液中的鐵質在此磁場長期影響下，又會否發生改變呢？

　　從以上幾點，可以分析出風水學和現代科學，似乎有些似是而非的關係，但這些只是理論（hypothesis），而不是定理（thcory），只能指出一些科學與人類生理的疑點，但卻未有確實的證明。

　　風水學雖沒有已被證實的理論，但其實很多風水的基本方法，已符合自然科學，得到一般人的接受。譬如說，住宅窗戶向南，一般都較理想，這點與我們住在北半球，向南可吸收多點陽光有關。又例如房間沒有窗戶，叫作「三陽不照」，為不吉之論，乃是由於古代均認為潮濕不衛生的環境是不吉的，但現代已有空氣調節，可能影響不大；然而倘若睡房沒有窗戶，無論從心理或生理的角度來看，亦會有不良影響。

風水面面談

風水真偽難辨

流派紛亂的由來

現在風水術數流派紛亂，不學無術的人趁機濫竽充數，究其根源，是有其歷史原因的。南宋岳飛之孫岳珂寫過一本叫《桯史》的書，內裏記錄了宋太祖趙匡胤的一則小聞。

唐太宗時代一位有名的術數家李淳風寫了一本叫《推背圖》的預言書，他不但推算了李唐將為姓「武」的人（武則大）所推翻，連對李唐後代的推算也一一言中。五代紛亂時期，這本讖緯之書大為流行，更準確預言了趙匡胤黃袍加身得天下一事。

到了宋朝初立，趙匡胤害怕後人利用此書的預言惑眾，以推翻他建立的江山，但由於書已普及民間，立例禁書可能會引來不滿。因此便叫官方翻印大量偽版本，把書內的頁數搞亂，內容變成七假三真，這些偽本流入民間，使其預言變得不靈驗。因此，今天所見的《推背圖》也是這些偽本之一，於是術數的推測亦顯得不準確了。

此後，每當中國政治有變，《推背圖》便會流行起來；但每每都是在事情發生之後，才找到與之配合的圖畫；未發生之前，則很難預測，這便是趙匡胤搞亂《推背圖》之害。

今天的術數學派也因此類偽書流行而變得紛亂，一般人很難分辨其真偽。若要知道術數師父的功力如何，較可信的方法是看口碑，但不可單憑一個人的意見來判斷，要多方打探，才作決定！

第一象　甲子

第二象　乙丑

第三象　丙寅

第四象　丁卯

推背圖

從事實中驗證

　　由此可見，自古以來，術數書真偽並存，就算某本書是古版，也並不一定是真學，不過，偽學也不是絕對無效，這也是這類偽學可以生存的原因。

　　其實，風水在某事上的真偽，可以從事實中得到驗證。雖然俗語有云：「風水佬呃你十年八年」，但其實現代的「陽宅」，一般會在七七四十九日之內應驗。例如你搬入新寫字樓，在四十九日內得到一份小合約，可能只是賺幾千至幾萬元，但這也是一個「吉兆」。

　　又例如，你搬入新居後不久，在街上拾得一個「拾蚊」硬幣，也是一種「吉兆」。

　　與此相反，如果搬進某屋後，運程一直都是平平穩穩，突然間，家中有人相繼病倒，或有各種不如意事連續發生，便要留意家中附近，是否有修橋整路，或新建大廈、大招牌之類的東西，這也可能是「凶兆」的由來。

　　如果凶兆在二月初開始，可能是遇上流年星斗轉移，受凶星降臨的影響。

　　以上情況都是對個別情況的推算，同一排屋，同一方向，也可能有吉有凶，這正是風水不可能「一言以蔽之」的原因！

家中附近有修橋整路的工程，可能是「凶兆」的由來。

信風水要依風水

風水不是心理療法

現代人看風水，有人比喻是看「古法心理醫生」因為有一些公司的外國主管往往在屬下要求時，也願意出公費請風水先生看風水。有人視其為「入鄉隨俗」，有人視為一種人事管理的方法。在看過風水後，公司職員便可以安心工作，看風水變成「大眾心理」醫療法。

這類人儘管未必真相信風水，但起碼有「寧可信其有，不可信其無」的心態，對風水先生都有點尊重。

但有另一類人，口口聲聲說看風水，信風水，其實他們看風水，只是喜歡聽一些好話，實際上並不喜歡為風水而真作改變。

個人配合很重要

筆者曾替一位朋友看風水，他在買下一個辦公室後，根據自己意願裝修，在裝修完後才找筆者看其宅的風水吉凶。他的原意是希望找個懂風水的人讚一讚他的辦公室風水好，認同一下他的設計。

問題在筆者不是正職風水師，不收潤金，不懂得「拍馬屁」、「鑑貌辨色」，只懂依書直說，風水好就是好，不需作什麼改動。如風水不吉，整間屋便要重新大改。

那朋友的辦公室真是有些風水問題，因此，筆者便直言要他換辦公室，以及要把大門由東改到西。那朋友聽後面露不悅之色，更要求筆者提出其他選擇以作「參考」。

筆者最不喜歡在裝修完才看風水，因為萬一有什麼要修改，大部份人都會抗拒。

結果筆者跟這朋友討論一番後便離去，心裏早知道他不會依筆者的意見，也可以預計他將會遇到的問題。

後來從其他人口中得知，這位朋友真的未聽筆者的話，去改大門方向。他找來另一位市面上風靡的「風水師」，挑了一些小毛病。朋友最後花一筆錢買了些麒麟、五帝錢之類的風水擺設，化煞了事，也便心安理得。但後來聽聞他的生意出現問題，公司有被人接管的可能。筆者當年的測算不幸言中。

人的意念主宰命運

其實風水吉凶，不一定與常理吻合。筆者曾為一位媒媒間朋友看風水，她的家西對維港，一人后兩面此面都有街向沖。筆者根據些些風水的理論，要求她把向山最好海景的一面窗封了。一般人在此情況上一定會感到非常為難，要把千金難買的海景封閉，不是人人可以做到的。但這位朋友可能是時來運到，也可能是對筆者的推算有信心，她不假思索便依此設計裝修，結果在入住後半年左右便遇上一個豪門子弟，戀愛成熟後結婚，婚後生活美滿。

這位朋友最難得的，是信風水而依風水去修改，所以她亦因而得益最大。

相反，有不少人口口聲聲信風水，談風水，但是要改裝修、改間隔時，則會出現很多問題，不是家人反對，就是嫌麻煩。這些問題其實都與個人意念有關，這種「意念」就是組成「命運」的一部份，也是是主宰風水得失的主因。

根據《易經》的哲學：「窮則變、變則通」，「窮」个一定是貧窮，想不到方法，「計窮」也是窮，「易變」就是天地運行的道理。看風水知道問題所在而不依從去變，就是違反這種「變易」之理，自然有災！

信風水要依風水，只要符合風水理論，無敵維港美景也可捨棄。

有位朋友請筆者到其家中參觀，因為以前曾為她安排過一點風水，她希望可以檢討一下其裝修後的得失。

這朋友之宅非常獨特，按玄空風水的理論，是犯了「上山下水」的毛病，主「損丁破財」之局，但因為看風水時，這位朋友剛買下這住宅，一時之間無法以樓換樓，所以也只可以在這局限下為她想想辦法。

買樓租屋前看風水最佳

其實筆者最贊成凡請人看風水，最好是在未落訂金買或未租屋前先看，因為如果有什麼問題，還可有另作選擇。

退而求其次，如果屋已買下，則最好是在未裝修前看風水，有什麼改動，可以在裝修前規劃好才動工，如果堪輿師要求大改動，也要立下決心一一做好，否則只是事倍功半，看醫生而不吃藥，麻煩會繼續來。

筆者最怕是一些朋友已完全裝修好才請你看風水，如果風水是吉則無妨，萬一風水不好要大改動，大部份人都不願意把新裝修拆去再改，他們只會希望風水先生能在東加個水晶、在西弄個神符便可改變一切，倒轉乾坤，由凶變吉；有些時候，的確可以稱為改傢俬位置，或加一個風鈴等小動作便可改善，不致大凶，但是長期吃藥而無病，並不代表是身體健康，最多只可以是平和，不一定會大吉。

如果朋友抱怨風水先生改風水後未能「大發」，只是「家宅平平安安」，有可能是上述的情況。

最怕是一些要大改動而宅主不願意花錢改的情況，通常這些宅主都會抱怨風水先生無本事，不靈驗。

看風水不是去街市買菜，可以討價還價。風水師只相當於是一個家宅醫生，請風水師看了風水而不作改善配合，則有如看醫生後不吃藥，病沒法治好。

裝修前仍可亡羊補牢

筆者這位朋友之家宅屬於第一類，她們買入該宅才看風水，因此只可以在未裝修前補救。該宅除了「上山下水」是破局外，其廚房在屋中心屬於「火燒心」之凶格，因此筆者只好為她擺一個「倒騎龍」的反格局，以其「山星下水」而見水，「龍神上山」而見山，負負得正。此外更改變宅內的廚房位，安一個旺灶，避免火燒心，求家宅平安。筆者在安排該宅時，心中已知因為這朋友當年犯太歲，一定不會完全改善整個裝修，配合風水。

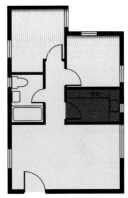

廚房位置在全屋中心，稱為「火燒心」，易使宅中人火氣上升，則家中多爭執。

今次驗證裝修後的家宅時，朋友已入伙多月，她的事業都很平穩，家中人口也很平安。

只是她的裝修也出現一些小毛病，因結構的問題，她的神壇有部份被條橫樑壓頂，菩薩也被壓，所以家宅內易起麻煩。

新建的廚房用上全透明玻璃門，面對大廳，所以雖不是「火燒心」，但因火爐對大廳，因此家內人容易心煩氣燥，發生爭執。

大床是度身造的，但可能尺寸上出現問題，比一般床高很多，床尾雖然有空位作「名堂」，但是床太高變成名堂「水」不入，因此，雖她是個專業人士，收入不俗，卻總是入不敷支。

此宅雖然有上述毛病，但總體因「火燒旺灶」及格局「及格」，所以還是一個中平之局。筆者只好叫她改善上述的毛病，以令其風水「更上一層樓」。

由此可見，家宅凶未必凶；吉也未必吉，一切在乎宅主的決心，可謂「一命」、「二運」、「三風水」，術數也未必是前生註定。

在買樓或租屋前先看風水，趨吉避凶，好過入屋之後再改造風水。若是裝修後再請人看風水，那就真的只能「看看」了。

風水商品化

筆者很多時為朋友看風水，發覺他們在此以前已請高人指點過，可能因「家」派不同，本人只需要一些簡單的手法，便可為這些朋友改風水，但有不少高人則喜歡佈置很多風水道具和法器。

近年流行的風水，似乎有一個傾向，凡看風水一定要擺設很多法器才可解決問題。

風水法器種類繁多

風水法器包括金屬的麒麟、口吐錢的青蛙、特種風水魚、各種顏色的水晶、竹簫、五枚古銅錢，甚至有指定是清代五個最旺盛的皇帝康熙、雍正、乾隆、嘉慶、道光的五銖錢，加上一些傳統的石獅、凸鏡風鈴等，可謂五花八門。

風水器具只是小術，使用時要得法。

可能是筆者思想比較保守，為什麼古人看風水沒有這麼多道具呢？是否因為要適應現代科技社會，所以才有這麼多以前未見過的新風水產品呢？

風水魚的玄機

舉個例，龍吐珠是一種生長在南美洲一帶的淡水魚類，在中國以前從未有出產，古人也一定不知其存在，但是因為牠的身形像一把刀，有人提出其形可以擋煞，煞氣十足則可以旺自己而去煞別人，漸漸地便變成一種風水魚！

其實風水養魚主要是在五行要水的方位安放一些「動水」，以生旺該方位，如果只放一盆水在其方，水本身不會活動，那便只是一池死水。以前澳門賽馬會的馬場設計便犯了這個毛病，水中養魚是要魚在水中活動，水表面靜而內動，正合「坎」卦之兆應，理論上養魚是要其數及顏色，例如養七條，

風水養魚主要是在五行要水的方位安放一些「動水」，以生旺該方位。

金魚便是要七數，養六條金魚一條黑色便是要一和六兩個數，《河圖》中一、六合水，至於是否要養龍吐珠，筆者則認為是畫蛇添足。

實物回報滿足顧客心理

一些江湖朋友說，現代風水要有這些道具，其實是由於社會中崇尚物質的風氣及江湖騙子要滿足顧客心理而形成，沒有需求便沒有供應。

舉一例，如果有個風水先生入屋轉兩個圈，然後對你說：「你家的風水很好，人天配合什麼都不要改變，多謝風水費一萬元！」那麼你一定不願意支付。

而另外一個風水先生告訴你：「你的家本來是個吉宅，但因為遠山有個「煞」，所以你要在東方敦一個開過光的麒麟，西南面要放五銖錢招財，還為你去泰國請個四面佛回來鎮宅，本來要風水費五千，開光麒麟一萬，開光五銖錢三千，四面佛包來回飛機票食宿二萬！共三萬八千，生生發發！」閣下可能會更願意付錢呢！不開光可能不值這麼貴，但開什麼光通常都不會說明。

由此可見，風水道具是風水商業化的結果而非必要，但歸根究底，現代人付錢要求有「實物」回報才是主因！

古代「厭勝」之術

　　中國古代的封建時代，統治者常常在行軍、作戰與城市規劃上，用「鬥風水」的手段去剋制、鎮壓敵人，這稱為「厭勝」之術。

連根拔起

　　中國每當改朝換代時，新的皇朝都使用「厭勝」之術，把舊朝之根拔去，使其永不超生。他們所用的方法，就是把前朝的宮殿墓陵用火燒毀或拆去，最重要的「厭勝」是把宮殿的地基拔去。所以，中國幾千年來，只有明清的北京城禁城可以保留下來，其他都被新皇朝拆毀。清朝由於是文化較落後的滿族入主中原，加上他們認為是應明朝之亡而入主「正統」，所以他們是唯一未用「厭勝」的皇朝。

　　明朝在重建舊元大都時也使用此術，把原來元大都禁宮的位置南遷，而把煤山築在故元大都金鑾大殿上，用一座「山」把元故宮壓在下，使蒙古皇朝永不超生。同樣，當明軍攻到今日為大同的元中都時，也把宮殿連地基連根拔起，片瓦不留。

中國幾千年來，只有明清的北京城禁城可以保留下來，其他都被新皇朝拆毀。

鎮壓皇氣

古代帝皇經常派人四處尋察，看什麼風水大地，都用各種厭勝之術去滅其「皇氣」，這是「以官方」以行政方法厭制地方民間的「反對」、「正氣」。

在春秋戰國時，楚王以南京有「王氣」，會出天子，故此用了「厭勝」之法，埋了一個金屬造的人在其龍脈上，以破壞其風水，故此南京又名金陵，即金屬人的陵墓之意。

秦始皇東遊時，見金陵有「王氣」，故此鑿開一條內河以破其氣，秦淮河因此而得名。

明朝時，朝廷感到廣東有皇氣，便借鎮海為名，在廣州建五層土型的鎮海樓，以土洩南方之火（廣東屬南方旺火），以及土剋水（南方大洋為水）。還把開封東南面的「繁塔」七層拆毀至三層，以破其「剋星」皇氣。

明朝借鎮海為名，在廣州建五層土型的鎮海樓，以土洩南方之火（廣東屬南方旺火），以及土剋水（南方大洋為水）。

風水與鬼神

南人事鬼

自古以來，中國的南方人與北方人對風水鬼神的態度都有不同，不般來說，南方人多相信鬼神之說，「南人事鬼」這觀念，來源已久。

當然，古代中原地區人士的眼中，南方只是指長江以南一帶，古代荊楚吳越之地，也就是現代江西、湖南、湖北、浙江、江蘇一帶地區。

其實「南人事鬼」這觀念，似乎不限於江南一帶，而是越往南，居民越信鬼神，兩廣地區的人比江南地區更信風水鬼神。而中國之南的馬來西亞、印尼等地，其人民信巫、蠱等事比中國更甚。

為什麼會有這種現象呢？從風水的角度來看，這種現象是可以解釋的，基本上「南人事鬼」是與某地方的環境有關，其中最大的因素是自然生態中的「植物」。

根據風水的理論，「植物」帶有陰性，容易招「陰」，因為風水上認為「神鬼」之說，只是天地陰陽的一個部份，而鬼屬「陰」，所以如果自然生態中植物生長繁盛，自然容易招惹

植物帶陰性，容易招惹鬼神。

「鬼神」這類「陰」性之物，因此當地人生活中遇上這些事的機會比較多，所以風水鬼神之學非常流行。

風水學上到底是否相信有鬼神一類的東西呢？

前文曾經提過，風水不是一門科學，只是風水的理論在術數學中最接近科學。風水學上對鬼神所持的態度是，信則有，不信則無！風水學上相信，鬼神等事只是宇宙間的一種形態，與其他人類、動物等類似，其區別只不過是鬼神沒有形態及實體，用科學一些的詞彙，它們是一種充滿宇宙空間的磁量。這在風水學上是有佐證的，測風水方位所用的羅經，如果進入一間有「鬼怪」的房屋後，羅經上的指南針是會左右不停地搖動。

每一個人就好像一部只會接收磁波的收音機，某些人的收音波長正確，他們可以聽到或看到這些事物，某些人收音波段不正確，他們便看不到。

大部份人是一輩子也收不到這些磁波的，有部份人只是一生人中某一些時間內可以接收到，只有極少數人一生都可以接收到。

鬼神也分正邪

有很多人一提起「鬼神」便會驚怕，但從風水的角度來看，鬼神也有正有邪，不一定不吉利。

例如，植物之中，以芭蕉最容易惹鬼，也最容易招「陰」。要知道「陰」也是財，而往往屬於「偏財」，因此陰盛往往不凶反大吉。江南大戶之中，花園亭台之間，往往種有不少芭蕉樹來招財。跑馬地馬場，正是背在墳場之地，盡招偏財之陰氣。

如果住宅中有鬼神，只要不是屬於惡性的，也可能是屬於吉宅呢！筆者認識的朋友之中，有一位是影視界中人，他居於九龍近舊機場某住宅之中，某宅是一座幾層高的古老大宅，後來成為單身影視圈中人的宿舍。該宅便是一座出了名的「有料」大宅，住宅內的人或時有所見，但該「物」並沒有害人，反而有一個特點，就是入宅之人初時可能工作平平，但入住後便開始成名或發財而後買大屋遷出。筆者的朋友本人雖從未見過該「物」，但他入住幾年後，事業便有很大的發展。

「陰」也是財，而往往屬於「偏財」。跑馬地馬場，正是背在墳場之地，盡招偏財之陰氣。

設計不當招鬼神

剛才說過，植物多會招陰，但在現代香港高樓大廈林立，多見石屎，少見樹木，那麼還有沒有機會遇上這些東西呢？

其實上每件事往往沒有絕對的，筆者有一個朋友，曾經在港島東區一座新落成的住宅中買下一個單位，她更請來一位香港有名的室內設計家為其裝修，該名家把六百多呎的單位打通成為一個開放式單位（studio flat），室內全部用雲石裝飾，非常特別。

可是在她入住不久，便發生問題，每晚都做同一個夢，見到三個穿古老衫褲的人。她自己也由一個本來開朗的人變成一個整天不外出的人，行為上更有些反常及有自殺傾向。後來由她的男朋友找風水高手才替她把這些麻煩改好。

在中國傳統中，雲石裝飾只有在墳墓才有，該宅先犯這一大忌，加上設計上的不當，做成一個風水上所謂「暗探」的黑穴，門向飛星又不好，所以發生事故。可以說，該宅出現「鬼」是因為設計不好而引起的。

上述的故事，並非鼓吹迷信，只是因為有很多朋友對風水與鬼神的關係有興趣，故本文從風水的角度來解釋一下風水與畫符念咒的不同，希望各位朋友能分辨清楚偽術與正統風水之別。

在中國傳統中，雲石裝飾只有在墳墓才有。

觀天氣看兆頭

　　古人看風水有看「氣」之說，看龍脈也看其「氣色」。不少術士把這門學問說得玄之又玄，似是什麼最高深的無上法門，但其實這只是一種觀天氣、看徵兆的工夫，只要大家稍為注意居住環境，也可以作出一些推斷。

　　現代人的物質生活較古人豐裕，但是往往容易變成物質的奴僕。香港人生活在石屎森林中，對於日出日落等一般天然現象都沒有注意，而關心的只是會不會下雨，擔心上落班時塞車。

　　古人觀察天氣與人在生活中的關係比現代人深，他們更能洞悉大氣所反映的徵兆，「農曆」這套曆法，正是古人的心血結晶。

　　古人洞察天氣的工夫也用於軍事，「孔明借東風」等故事正是古人了解天氣變化的實例。「奇門遁甲」與「玄空風水」是同氣連支的產物，前者用於行軍為「動」；而後者用於安居樂業為「靜」。

瑞雪兆豐年

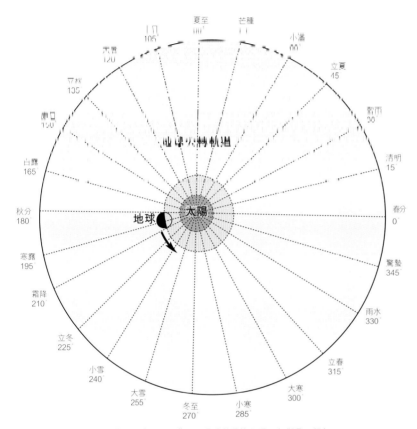

夏至 105°
芒種 山°
大暑 120°
小滿 的°
立秋 135°
立夏 45°
庚口 的°
穀雨 30°
地球火轉軌道
白露 165°
清明 15°
秋分 180°
太陽
春分 0°
地球
寒露 195°
驚蟄 345°
霜降 210°
雨水 330°
立冬 225°
立春 315°
小雪 240°
大寒 300°
大雪 255°
冬至 270°
小寒 285°

中國的農曆是陰陽曆，農曆的月雖然是朔望月，年卻是回歸年。

農曆氣節有物候徵兆

　　懂玄空的人都知道，玄空風水是一套有規律的機械理論，如果以科學的角度來看，按這套規律，世事會循環出現，但為什麼歷史上沒有一件事情是絕對重複的呢？這正是因為數理之外還有一套天時的變化，所以世事變化無窮，要看這套變化，便要以曆法作為基礎。

　　現代人對中國曆法有一個誤解，一般人會稱西曆為陽曆；稱農曆為陰曆。因為一般人以為西曆以太陽在天轉一年為基礎；農曆的月份則以月圓月缺為基礎，因而有此誤會。

　　正確說來，中國的農曆應稱為陰陽曆。這套曆法雖然以月亮繞地球轉一周的 29.53 日為一月，但一年則以地球繞日的

365 日又 6 小時多為基礎。古人把一年分為廿四氣節，以冬至（過冬）日光最短之日及夏至日光最長之日來定一年，因此不管是否閏年，「過冬」永遠是在聖誕節前兩三日之間。這正是因為廿四節氣是以太陽為基礎，所以與西曆吻合。

這套曆法廿四節氣中，有一些物修徵兆，例如「驚蟄」是「雷始生」及百蟲始出現，這都是物候的正常反應。如果某節氣有這種物候反應，便表示這是好及正常的午頭，這廿四節氣中又以立春、立夏、立秋、立冬等四節氣為最重要。

記得 1991 年立冬之日，筆者正在北京公幹。當天，北京剛下入冬以來的初雪，筆者當時心想，明年會是中國的好時年，因為北京是中國首都，其物候兆應佳則是全中國之福。結果 1992 年鄧小平南巡，房地產開放，當年中國經濟一片好景，內地人也過了一個豐收年。

陰雲重重乃不祥之兆

大雨連綿亦非佳兆

陰雲重重不祥之兆

　　這套廿四物候應兆源於中國北方洛陽中州以至京津一帶，故此諸如「玄鳥（燕子）至」等北方才可見的現象不能用於香港，但其理論是一致的。大家看看 1997 年的氣候徵兆便可知其準繩。1997 年回歸前，香港經濟形勢大好，但回歸後一個月大雨連綿，破了香港的紀錄；加上多年來唯一的十號風球，是不佳之兆，因此，天災人禍突生。接着禽流感及股災，都有一定的先兆。

　　另外，當年秋冬月份香港上空有一層煙霧包圍，正常年份應該春季有煙霧而秋冬月份天朗氣清，因此，這煙霧是屬於陰霧密佈。筆者更注意到，在 1997 年十月股市大跌的幾天與 1998 年一月初大市連跌的幾天，這層陰霾特別黑暗！有人說，這層煙霧是油渣車過分排煙而無風吹散所形成的。所以，從風水的角度要切實執行環保，才是眾人之福，古人保護風水林及減少不必要的自然破壞都源於此。

　　風水所說的看「氣」，不過是注意大自然微妙變化的觸角，看這種物候變化以一年的正月初一或一日之早晨為主。

　　如想知每天股市的變化，不妨早起去看天！

歷史興衰有預示

有朋友提出一個很有趣的問題：「今日世界被那些不懂風水的西方國家的科技及經濟所支配，而中國有一億多人生活在赤貧線上。不管你服不服氣，今日美國人的總生活水平十分高，其科技、經濟力量更影響全世界。中國人既然獨家『擁有』風水這套學問，而風水的目的，是改善一國一家的氣運及環境，那為什麼風水不可以改善中國人的生活水平呢？」

其實，這個問題在風水曆法上早有答案，古人對此已做過工夫。

北宋術數大師邵康節對術數歷史最大的貢獻，並不是坊間傳說發明了「鐵板神數」或「梅花易數」這些算個人命理的東西，他一生最重要的著作是《皇極經世》。

易經六十四卦成預言

此書並不是坊間所傳的北派「鐵算盤」，大家可以在《四庫全書》子部術數類找到作參考。這本書下半部基本上是用宋代流行的「五音」、「五行」來定音律曆法。上半部則以前漢所定的「三統曆」為基礎。他發現了一個現象——北宋以前的中國歷史事件吉凶原來與易經六十四卦的編排是配合的！

由於六十四卦的編排「卦序」有一定的規律，因此，用簡單統計原理，北宋以後的歷史，也可以此方法來推算出簡單的演變輪廓。這個輪廓也變成了後代不少預言、讖諱的來源。三元派風水的編排，也是以此發展出來。現代懂三元的

古籍《皇極經世》

術者，只知三元九運的「小三元」，而不懂這一套「統」、「會」、「運」的推算。

三元派風水學講的「三元」，就是以一個甲子60年為一元，分上元、中元、下元三元，合共180年，稱為一個小三元。一個大三元又分20年為一運，共九運。

但根據三統曆法，大曆法以一周天為13000年，一周天為九統，一統為三會，一會為三個三元共500多年，故此，以500年為一大變革，古語有云：「五百年出帝王」就是此理。

上卦＼下卦	乾天	兌澤	離火	震雷	巽風	坎水	艮山	坤地
乾天	乾為天	澤天夬	火天大有	雷天大壯	風天小畜	水天需	山天大畜	地天泰
兌澤	天澤履	兌為澤	火澤睽	雷澤歸妹	風澤中孚	水澤節	山澤損	地澤臨
離火	天火同人	澤火革	離為火	雷火豐	風火家人	水火既濟	山火賁	地火明夷
震雷	天雷無妄	澤雷隨	火雷噬嗑	震為雷	風雷益	水雷屯	山雷頤	地雷復
巽風	天風姤	澤風大過	火風鼎	雷風恆	巽為風	水風井	山風蠱	地風升
坎水	天水訟	澤水困	火水未濟	雷水解	風水渙	坎為水	山水蒙	地水師
艮山	天山遯	澤山咸	火山旅	雷山小過	風山漸	水山蹇	艮為山	地山謙
坤地	天地否	澤地萃	火地晉	雷地豫	風地觀	水地比	山地剝	坤為地

易經六十四卦卦名速查

從三統曆看興盛之地

在古代，三統曆用來計算國家興衰之理，三統曆也可以用來解釋中國歷史上的興衰及朝代的更替。舉一個例子，中國在唐初年太宗貞觀至玄宗開元年間，正是「中統」的中五黃入中，屬中統「中會」，也是五入中。此計數方法以中國為「座標」中心，五入中表示氣運旺於「中央」，也就是指中國中土，故當時的中國科技、經濟及政治，都是全世界最先進的。

時移世易，氣運也會改變。到了近代，身處「季統」的「孟會」尾「中會」初。「季統」為「乾卦」施令，乾為金為西北方；「孟會」是公元一四三六年（明英宗時）至一九三零年左右，是「兌卦」施令，兌為金為正西方，故此「統會」大旺西方，西方國家今日的興盛早有預兆。從歷史上來看，十五世紀是歐洲人開始航海及殖民地發展之時，今日西方的強盛也是由此起步。

在一九三零年後曆法上已踏入「季統」的「中會」，季統還是「乾卦」施令，但「中會」則以「艮卦」為主。歐洲社會雖然還是很強盛，但主力已轉移至美國及日本（艮為東北方，日美皆在中國的東北），世界的興盛將不會集中於一國一邦。

現今是「季統」「中會」的「上節」，四綠「巽卦」施令，所以，東南方也正在興旺。東南方指中國東方及東南亞，其中流年當然有上有落，但整體還是向好。

這套三統曆規律，是古代先民統計而來，以古人而言，「是天命所使然」，非一人一國之力可以改變，所以近代中國的衰敗，也是天數的大趨勢，非中國天子可改變，古代有識之士，也只可以隱喻言之！

有人會問，這一套東西與我個人有何關係呢？

以此術而言，現在是「金水」流行的高峰，故此搞金屬、科技、通訊（水）等都較容易賺短錢、快錢及大錢，做生意（金）、金融又比較易賺錢。當然，這是大趨勢，大家只可以作參考，要配合個人命格才可以有作為。

世界地圖

形理進階

陰陽

陰陽的意義

《易傳》中說：「易有太極，是生兩儀。兩儀生四象，四象生八卦。」此處的「兩儀」即是指「陰陽」。

《淮南子》天文訓篇中，有論天地的起源和演化問題，認為天地未分以前，混沌既分之後，輕清者上升為天，重濁者凝結為地；天為陽氣，地為陰氣，二氣相互作用，產生萬物。

因此，陰陽的概念就是來自於「天地之氣」，陰陽也就是世間萬物的基礎。

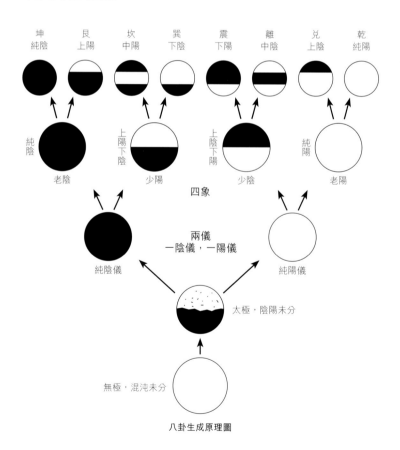

八卦生成原理圖

風水學上也講求得聚大地之「氣」，而這種大地之氣有吉凶之分，這就與陰陽兩儀的「氣」的概念有了一脈相承的淵源。

另一方面，古人從大自然中觀察到，有許多事物或現象，是由兩個互相對立而又順序的方面所組成的，如天地、晝夜、寒暑、男女、上下等，於是便歸納出「陰陽」的概念，將這對立面又相關的兩個方面稱為陰陽。

一般來說，陽代表事物具有動、活躍、剛強等屬性的一方面，例如，興奮、積極、光亮、無形、上升、外露、輕、熱、增長等。陰代表事物具有靜、不活躍、柔和等屬性的另一方面，例如，抑制、消極、晦暗、有形、下降、內斂、重、冷、減少等。

陰陽哲理

風水中的吉凶和中國古代哲學中的「陰陽」一樣，不是絕對的、一成不變的，而是相對的、互相轉化的。

「陰陽」的理論中有一個特點，它應為世界上萬事萬物的內容，發展及結果都不是絕對的，它永遠「同時包涵」了正與反的兩面，古人簡稱為「陰陽」。生事的表現都是「陰多陽少」或「陽多陰少」；「正多負少」時結果是「吉」；「負多正少」則變為「凶」，但在「凶」的事例上也，有各種「特例」，是不凶反吉。

太極圖

在陰陽太極圖中，它不是由兩個半黑半白的月形來代表「陰」與「陽」，它在大片的「陰」中有一點「陽」，在大片「陽」中也有一點「陰」，兩者像兩個「蝌蚪」形，互相「纏繞」在一起，不能用一條簡單的直線來分隔開。這是「陰陽」同體的表現。

五行

五行的意義

五行是中國古代的一種物質觀。古人認為，大自然是由金、水、木、火、土這五種要素所構成的，隨着這五個要素的盛衰變化，將使大自然產生變化，不但影響到人的命運，同時也使宇宙萬物循環不已。

這五個要素被稱為「五行」。

與現代西方科學的不同之處是，這種中國古代的物質觀屬於一種「歸納」性質的哲學觀。隨着古人對世界的認識的增加，他們逐漸歸納出自然界不同要素的共通點，將這些要素分別配上金、水、木、火、土五種屬性。例如，我們已經知道的，東南西北中各個方位，就有不同的五行屬性。

常見五行屬性表

五行	木	火	土	金	水
顏色	青	赤	黃	白	黑
方向	東	南	中	西	北
季節	春	夏	長夏	秋	冬
情緒	怒	喜	思	悲	恐
味道	酸	苦	甘	辛	鹹
五音	角	徵	宮	商	羽
五臟	肝	心	脾	肺	腎
五腑	膽	小腸	胃	大腸	膀胱
五指	食指	中指	大拇指	無名指	小指
五官	目	舌	口	鼻	耳
五覺	色	觸	味	香	聲
五獸	青龍	朱雀	黃麟/騰蛇	白虎	玄武
五畜	狗	羊	牛	雞	豬
五常	仁	禮	信	義	智

五行生剋

五行之間分別存在着「相生」和「相剋」的關係，這種相生相剋關係，反映了古人對組成世界的這五種基本物質元素的樸素直觀感應：

1. **五行相生**：金生水，水生木，木生火，火生土，土生金。

   金生水，是因為金屬熔化後成為液體狀態；

   水生木，是因為水可養樹，樹為木；

   木生火，是因為用木柴可以生火煮飯；

   火生土，是因為物質燃燒後留有灰燼；

   土生金，是因為金屬物質皆產自地下土中。

2. **五行相剋**：金剋木，木剋土，土剋水，水剋火，火剋金。

   金剋木，是因為金屬做成的刀器可以用來砍伐樹木；

   木剋土，是因古人用木製的工具耕種田地；

   土剋水，是因為土可止水之流淌，猶如今之水庫；

   水剋火，是因為水能滅火；

   火剋金，是因為火能熔化金屬。

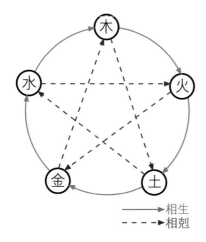

五行生剋圖

化煞勝於鬥煞

風水上處理煞氣的方法，不外把煞氣化洩和剋煞兩種。用剋煞方法鬥風水，是歷史上不少爭端的起因。

在香港也曾經有鄰居因為門對門相沖而鬥風水，結果引起兩家不和，搞到人命傷亡，這不禁使人提問：到底風水是否適宜相鬥呢？

從理論上看，風水之道不外由五行「生」「剋」兩個系統衍生而成，「水生木」、「木生火」、「火化土」等稱為「生洩」的系統，但「金剋木」、「水剋火」等屬「剋煞」的系統。

處理風水的方法，不外把「煞」氣化洩或把它剋煞兩種方法。舉例來說，煞氣有如一個惡人，但他最聽子女的話，「化煞」就是用化的子女去把戾氣化解，使他變得溫柔和順；「鬥煞」或「剋煞」就是找一個「煞氣」害怕的人去「頂」着他，使他不敢造次。

安置枝幹粗壯的植物，是取其五行屬性為「木」。

例如，九宮飛星中的二黑病符星屬土，為免其害，可以考慮以木剋土，即安置枝幹粗壯的植物、木器雕刻之類，並且用青色來佈置（青色屬木），這就是「剋煞」。但也可以安裝電話、電視機等金屬製的家用電器，或是裝一個會敲響報時的掛鐘，或者鋪上白色地氈等（白色屬金），因為土能生金，則自然洩了二黑病符星的土氣，這就是「化煞」的做法。

「鬥煞」帶有「剋敵」、「相鬥」之意，是一種霸氣之法；相反，「化煞」之法是陰柔之法，把煞氣化於無形。

安金屬鐘，是取其五行屬性為「金」。

鋪白色地毯，也是因為「白色」的五行屬性為「金」。

形勢與理氣

形理本是一家

風水學大概可以分為兩部份，一部份是由住屋的地理環境、室內佈置擺設等所組成的「形格」，也就是一間房屋的「可見」狀況；第二部份則是根據住屋坐向、時空等因素，按照一定的公式計算，得出的吉凶判斷，稱為「理氣」。這兩部份綜合則可以推算出某宅、某墓的吉凶。

但是有不少不完全明白風水的人，卻因此把風水的流派分為「形家」與「理家」。認為「形家」講究巒頭形勢，以山形水勢為根據，「理家」講究氣之方位，以「羅經」計算方向為

形勢：四周環境和地理形勢，是肉眼所能見到的物體。

理氣：計算時間、方向，按一定的公式計算，以判斷吉凶。

主。由於江西人著述「形勢」的書較多，福建人著述「理氣」的書較流行，因此更把「形家」定為江西派，「理家」定為福建幫。

如此簡單的的區分法，當然有失偏頗。其實風水學的分類，與其他的現代科技學科很相似，「理氣」就好比是一門學科中在課室學習的理論部份，「形勢」則相當於在實驗室做的實習部份，兩者合而為一，缺一不可。風水一學，就是一門「形勢」與「理氣」兩者合一的學問。如果硬要把「形」、「理」分家，就等於是把一門學科分為上堂的「書院派」與入實驗室的「實驗派」，在現實世界中是不存在的。

陰陽要平衡

無論是看形勢，還是計算理氣，最終都是以「陰陽」理論為依歸的。

「理氣」部份由於有不少陰陽五行的理論，計算方法複雜，不少門派都以此作為門派的秘密，但是「形勢」部份則較易理解，一般以陰陽平衡為佳。

舉一個例，香港有不少高樓大廈都建在山上，那同一個方向到底怎樣分吉凶呢？從「形勢」理論，大家可看到端倪。

「孤峰獨聳」乃不吉之局。

灣仔的合和大廈，曾經是區內首屈一指的高樓。

　　如果一座大廈建在一個山峰之頂或山勢凸出之處，而四面沒有大廈在旁，「形勢」有如一枝獨秀，在風水上反是不吉之局，稱為「孤峰獨聳」，如有只有一個人在工作，沒有手下及其他人的助力，其成就也有限。灣仔有某地產商多年前建成一座獨高的大廈，正合此局。當年他的公司在香港是八大地產商之一，但多年後的今天，其公司在香港排名已跌出十名以外。

　　如果閣下想買的住宅與上述的形勢相似，那又要怎樣選擇呢？參考「陰陽」的理論，山勢仕高，仕凸出的位置為陽、為亢，因此，此幢大廈一定是那些低層沒有太多開揚景觀，位置屬陰的單位為吉，因為「陰」與「陽」要平衡。

　　根據同一理論，如果某大廈位於近山谷（不要在谷底，這是無氣大凶之局）或四周有大廈高樓包圍的情況，揀擇居所則以高層、景觀開揚、室內光猛的單位為吉。這也是以「陽」納「陰」的理論。

「形勢」示大概，「理氣」精計算

　　至於同一大廈中，到底哪一層、哪一個單位較佳呢？「形勢」只能指示一個大概，仔細的分層要用「理氣」來計算清楚。

　　「形」比較容易使人入信，這是很明顯的，「理」的計算比較微妙仔細，也是各家各派各自奉為「秘密」的原因。舉一個例子，筆者以前有一間辦公室位於銅鑼灣區，整條街都屬同一個大業主，用同一類設計建成，所以毗鄰建築物的間隔一模一樣。筆者搬入這「排排坐」的街中的幾年間，生意非常好，最後因地方不敷應用而搬出。但是在同時間內，同一座低層的單位出現過盜災，隔鄰一座同層單位又有火災。如果以「形」勢來判斷，這些不同變化較難有合理的學理解釋。「理氣」微妙之處，可見一斑。

四周有大廈高樓包圍，揀擇居所則以高層、景觀開揚、室內光猛的單位為吉。

有不少朋友因為不了解這些微妙
的分別，有時會過份敏感。例如某大
廈曾經發生過一些比較矚目的新聞，
諸如藏毒、意外死人之類，該大廈內
的住客便曾人心惶惶，筆者有朋友更
因此而搬屋。有地產代理表示，這些
大廈的估價較低，「出事」的單位甚
至會被銀行「不記名」列入「黑名單」，
買這些單位可能找不到銀行做按揭。

其實某大廈單位出現問題，雖然
有可能是整幢大廈坐向不佳之故，但
並非其他單位也一定有問題。如果要
安心，大可以找風水先生看清楚，不
要杞人憂天。

同一大廈，不同樓層的單位，風水上都會有微妙的
分別。

形理兼顧方能獲吉

有人會問：「理氣與形勢何者較為重要呢？如果某地勢吉，
理氣凶，那到底是吉是凶呢？」

大家可以想一想，周圓 360 度，如果有兩個同樣吉度的大
廈，一在觀塘，一在中環，可能居住在內的人都可以獲福，但
是哪一幢大廈的價值會較高呢？

再舉另一個極端的例子。筆者在香島附近看過一間「奇
屋」，以形勢而論，它是筆者少見「高貴」之地，但是其宅主
建了一幢五千多呎的大宅，其門向、入口、室內格局、泳池位
置等全部與「理氣」相反，變成吉地凶屋。結果宅主在未建成
此屋之時已破產，大宅拍賣了給一個投資者。

由此可見，形理兩方面的因素，都能對風水的吉凶產生影
響，只有形理俱佳，才能獲得最吉的風水效果。

選擇家宅地

　　家宅風水的好壞，是由多種因素而定的，例如屋宅所在的方向、附近的山水地勢、所處的時間空間等。本文介紹的只是一種山水大局的吉凶，未對每間屋宅作詳細推斷。所說地區如果大吉，只是該區將會大盛，區內居民會比較富裕發福。如果在不吉的大局，也有可能比較好的樓房，亦可算為中吉、平吉之局。

方向判斷

　　看家居風水的吉凶，首先要知道該屋所在的東南西北方向。很多朋友常常有一個錯覺：「我的家居中主人房看到日出，那一方該是東方了吧！」事實上，香港處於北緯 22 度，在不同的季節，太陽可能是在東南方出而在西南方落的。因此，用肉眼判斷方向往往有很大的偏差。堪輿家所用的羅經，基本上便是用來辨別方向的，讀者沒有羅經，可到書局買個指南針，亦可用來判別方向。

指南針的方位

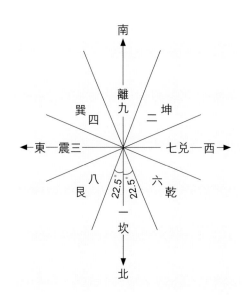

　　使用指南針，首先要判定哪一方是正北和正南。以南北的 360 度分為八個平均的方位，每個方位佔 45 度。中國古代是以「北」在下為主，望向上方是「南」。從北起順時針方向分別為北方（坎方）、東北方（艮方）、東方（震方）、東南方（巽方）、南方（離方）、西南方（坤方）、西方（兌方）、西北方（乾方）。這八個方向又分別以一至九數依照「洛書九宮」代表。

　　用指南針測量時，是以家居

的正面牆向哪一方來決定家宅位置。簡單來說，整座大廈大門向大街的一面稱為「向」，背街相反的一面稱為「坐」。

　　以圖為例，甲宅的街在宅的北方，故此這它稱為坐離（南）向坎（北）之宅。用同樣道理，乙宅的街不是和屋向平衡，但是乙宅的牆壁是在北偏東28度，也算在東北方的範圍內，故此乙宅是坐坤（西南）向艮（東北）。其他各宅的方向，亦可用同樣方法去推斷。

　　古代的樓房多用磚或木建成，金屬部份不多，故在室內用磁針來測量方向，沒有大問題。但現代的建築，主要用鋼筋水泥或鋼架式結構，牆壁中都有大量鋼鐵，對於羅經或指南針的磁石都有影響，所以要知道家居的正確方位，最好在大廈門外用指南針測度，還要在不同地點測量，以防止因某一地點附近有磁場干擾而造成錯誤。

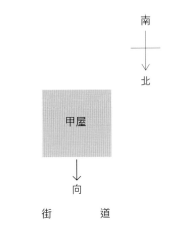

甲宅的街在宅的北方，故此這宅稱為坐離（南）向坎（北）之宅。

地勢方向判斷

　　測度家宅方位之時，也要注意附近山水地勢的方位。附近比自己家居高的山是在哪一方，看到水的方位又哪一方，如果住宅四周都看不到山或水，則周圍的高樓大廈可以看作山，街道可以看作水。判斷清楚屋宅四周的「山」和「水」方向之後，便可以開始推斷家宅風水吉凶。

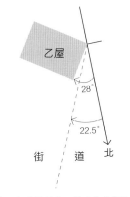

乙宅在東北方的範圍內，故此這宅稱為坐坤（西南）向艮（東北）。

零神正神

　　風水上有所謂「零神」「正神」之說，訣云：「水運合十為零神，來龍正運為正神。」基本概念是每當某運來時，那個數在洛書中所配的方向就是正神方，其相反方向就稱為零神方，在九宮之中零神數加正神數剛好「合十」。以八運來說，「八」在東北方，則東北方為「正神」方，「二」在它的相反方－西南方，則西南方為「零神」方。

　　「正神」方要看「來龍」。如果「來龍」（山）得合「正神」所在的方向，則大利人丁，因為經云：「山管人丁水管財。」也就是說，如果在「正神」方向有高山、高樓，家宅中人口多健康旺盛。「八運」的「正神」在東北方（艮方），因此，倘若某地區的東北方有高聳的山峰，則此區未來十多年間必然人口旺盛。

東南	南	西南
四綠	九紫	二黑
三碧	五黃	七赤
八白	一白	六白
東北	北	西北

（東、西標於兩側）

洛書九宮

「零神」方要看「來水」。如果來水方向合「零神」方，則大利財祿，也就是說，如果「零神」方向有海景、街道、水池等效果，則該地點形勢特別好的地方，會發大富大貴之人。「八運」的「零神」在西南方，如果某地西南面有大海或大水之景，則該區未來十多年將會大旺。

除了「零神」之外，水局又有「照神」，其主吉與「零神」相同。「八運」的催吉照神在「震方」正東方，此方有大水則會大旺。

此外，「八運」之中，「坎」方（北方）、「巽」方（東南方）則為輔助之吉照之方。這兩個宮位配合「零神」「照神」方之大水、「正神」方之高峰大山，便形成現今這十多年中時運配合的山水大局。

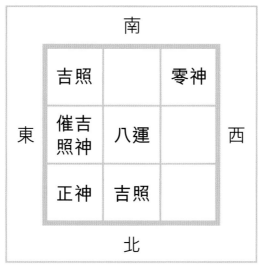

八運正神零神

吉位須處於重要方位

東南西北四周可以分為 360 度（古代人實分為 365 度半，以地球環繞太陽一年之日數分，但小數 5 度半要分四方很難分，故約數為 360 度，四方每方 90 度）。某住宅在某個時空某坐向便會出現某方向吉、某方向凶的結果，所以，如果凶方向剛坐於室內廁所等不重要方位，吉位剛在大門、睡房、床位及灶位，這間屋自然有吉應。如果某屋的室內位置相反，則會變成凶屋。

理論雖然簡單，但是一般讀者要了解其運作也非易事。由於篇幅有限，本文也只能向各位提出一個比較簡單的方法，來避免找錯「必凶」的惡宅。

在周天 360 度中，有一些位置是一般住宅不宜的方向，這些方向在風水上只宜為廟供神祇，所以在選屋時要小心，只要能避凶，餘下的吉方則較易找尋。

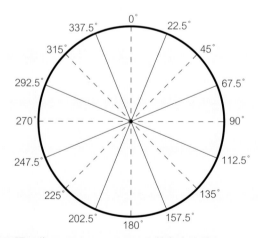

四正四隅凶位				八卦空亡凶位			
0˚	90˚	180˚	270˚	22.5˚	67.5˚	112.5˚	157.5˚
45˚	135˚	225˚	315˚	202.5˚	247.5˚	292.5˚	337.5˚

四正四隅凶位與八卦
空亡凶位

四正四隅八卦空煞

　　360 度中的正南、正北、正東、正西四個方向都是大凶之位。一般人有個錯誤的觀念，皇帝不是住正北向正南嗎？其實如果大家到北京紫禁城實地量度，皇城基本上是住正北 0 度偏西 3 度的位置上，非正 0 度南北，因為正南北東西在風水上稱為「四正雜煞」大凶。這點與文獻上所載吻合。

　　除了四正以外，正東北、正東南、正西南、正西北稱為四隅雜煞，也屬大凶。

　　除四正四隅雜煞外，周天 360 度可分為八個方向，每向 45 度。在這八方向之間，例如北偏南 22.5 度之位稱為「八卦空亡」，也屬不吉。

兼卦凶位

　　此外，每個方向配為八卦，每卦又分為「三山」三個方向，共二十四山。這二十四山中又有一些度數稱為「兼卦」位，房屋坐於此也會出現不同的凶應（見圖66）。

　　上述這些坐向，都是凶多於吉，大家選擇家居可以作為參考，避免凶宅，則吉應自然容易來臨。

兼卦凶位

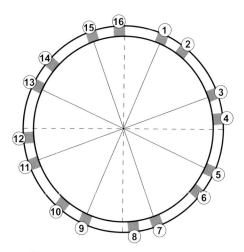

兼卦凶位

① 19.5°~25.5°	⑨ 199.5°~205.5°
② 34.5°~40.5°	⑩ 214.5°~220.5°
③ 64.5°~70.5°	⑪ 244.5°~250.5°
④ 79.5°~85.5°	⑫ 259.5°~265.5°
⑤ 109.5°~115.5°	⑬ 289.5°~295.5°
⑥ 124.5°~130.5°	⑭ 304.5°~310.5°
⑦ 154.5°~160.5°	⑮ 334.5°~340.5°
⑧ 169.5°~175.5°	⑯ 349.5°~355.5°

宅外形煞

「尖射」形煞

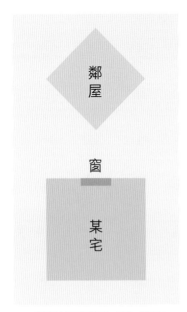

鄰屋

窗

某宅

鄰屋屋角正對某窗，稱為「尖射」。

宅外「形煞」是指宅外所見到的橋樑、房舍、門樓等外間事物而言，這些事物對一間住宅的吉凶有直接影響。其中以從某宅或大廈進出的大門及窗外所見到的事物為主，附近見不到的山勢事物為副影響。凡見到屋外的事物形態「方正圓明」為吉，尖射斜峭為凶。

方正圓明是指某些物體的形態像正方形、長方形、半圓形等。如果某屋窗外所見都是這些形體的大廈房屋，一般都比較平穩。

倘若某宅鄰屋的屋角正對其窗口，或某宅面對的鄰屋屋頂有加建的尖屋頂正對，風水家稱為「尖射」。凡宅中某房間窗外正對這些尖射的大廈，居於房中的人，不論身體或學業事業，定會有問題。

如其屋窗外所見的事物形態是「方正圓明」的（如太空館），則為大吉。

鄰屋屋頂三角尖尖止對某宅，則不吉。

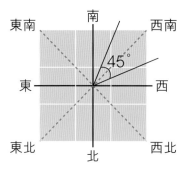

八運二十年（2004 年~2023 年），五黃煞
在西南方。

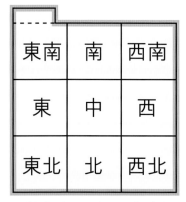

凹凸部份不超過三分之一，不算入九宮。

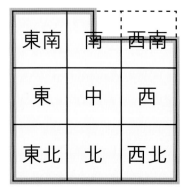

凹凸部份超過三分之一，則包括入九宮。

五黃煞

「形煞」除了涉及形狀之外，與方向亦有一定的關係。現時居於香港，附近周圍都會被很多高樓大廈包圍，現以 2004 至 2023 年這二十年來計算，如果某宅的西南面有小山、高樓或煙囪等特別突出的物體，對該宅有不良的影響，因為這二十年天運五黃煞在坤宮的西南方，這些高大惡形物體加強了五黃煞的力量，造成不良的影響。

此外，如果住的大廈總出入口或某戶的本宅大間是面對西南有煞形，也有同樣的不良影響。

讀者要決定某宅的大門是否向「正東」，首先把住宅分為九個相等的正方或長方形格子。用指南針決定南北方在哪個方格，這樣便可決定正東在哪個方格內。如果住宅大門是在那方格內，便算在正東方開門。要是某住宅不是一個正方形，而是有凹凸部份，那麼若凹凸部份不及整間屋的三份一長，則作正方形算；若超過三份一，則整間屋包括這凸出的部份來算。

這五黃煞的影響大概在 2003 至 2004 年開始發生效力。讀者可以留意自己的親戚朋友，過去二十年是否一直很順利，但在這幾年開始，整個家庭發生不好的變化。他們的住宅，有很大可能是大門面對西南方坤宮的呢！

「刀煞」

現代建築技術進步，香港因為地少人多，大部份居民都住於高樓大廈之中，某宅的窗外往往看到兩座大廈之間的隔隙，風水上稱這種情況為「刀煞」，為非常不吉之象，因為氣流吹動的力量得以加強，產生不好的氣流，對宅內人的健康有不良影響。

形煞與方向的關係

以上為「形煞」的事例，如果家居不幸有上述情況發生，怎麼補救呢？如果家中面對鄰屋屋角沖射或西南有高樓等情況，簡單的解救方法是把面對那些形煞的門戶緊密封閉，以不見光透入為準則。這樣做法便可減少此等凶煞對住宅的影響。

某宅的窗外如看到兩座大廈之間的隔隙（刀煞形），為非常不吉之象。

如果五黃西南方是本戶的大門，可在大門外頂上裝上一個金屬鐘或一些可以在巿面買到的活動金屬玩具，以散五黃土氣。不過這種方法只可減輕煞星的影響，不能盡去壞效果，因為一戶的大門有如一個人的口部，所有食物營養都經這處而入。大門不吉，戶內人口則有麻煩。

但是如果西南方是大廈的總出入口又有煞，則除非有別的通道可用或整座大廈改變出入口的方向，不然整座大廈必有一定的麻煩。對大廈的住戶也有一定的不利影響。

帶煞之地

「世外之地」

現香港人口眾多，有不少房屋都建在寺廟、道觀以至教堂附近，有不少人因家居在寺廟附近而擔心自己的風水會受影響。

風水經中有云：「廟前貧、廟後富，廟左廟右出寡婦」，有不少人便以此為選擇的依歸。

其實，寺廟也分兩種，一種是香火鼎盛；一種是香火平平以至衰落的廟。寺廟所立之地，一般來說是「旺中帶煞」之地，或是運氣已過的旺地。這些地一般只宜「仙、佛」所居，不宜在附近設一般民宅，因為這一帶都應帶煞。所以雖說「廟後富」，但其實也未必是大富，只可能是小康之局或是大富發跡之所，一旦發跡一定會遷離此地。

廟愈旺，其煞愈大，居民可發達的機會剛成反比；鄰廟香火不盛，居於附近雖不利居民，但對於做某類生意商業活動則又無妨。所以風水一學，絕不會有「死地」、「絕地」。「死地」、「絕地」只是對民居住宅而言，居民死地反是寺廟旺地！

如果居所位於墓地附近，或面對墳墓，推算吉凶比較複雜。本要以方位推算為準，但簡單來說，居於墳墓太近為不吉，因為陰氣太重。不過，如果稍離基地而可以看見墳墓，有些情況下反因得陰氣積聚而生大財，但一般

位於廟前的住宅，由於無氣可得，必為窮困之地；至於位在廟後的住宅，來氣未被廟後全收，故如一定要住於廟旁，則以居於其後較佳。

來說，只是聚財而官祿一定不足，社會地位一定不高。

如果居屋附近有工程施工、渠務工程、舊屋拆建、新樓建造或工地平整等，那麼，不論住宅在那個方向，如果在家中可聽到工場施工的雜音，或從窗戶可以看到，又或是出入大門附近有施工情況等，該宅的人一定有困擾或麻煩，但這些麻煩可能只是在施工期內發生。

「金戈鐵馬」之剋

香港的跑馬地位於市區中心，屬於寸土寸金的黃金地段。附近的大廈，有不少擁有開揚的景觀，可以看見馬場景色，是許多香港人心目中的理想家居。

不過，有不少朋友搬入這些馬場景的大廈後，家中卻接二連三發生事故。有的被小偷入屋意圖偷竊，更多的人則是家中女眷出現莫名其妙的健康問題。但宅內的男丁常常是一切平安，只有女性出毛病。

「馬場」在古代等同「校場」，是軍隊騎兵練馬之地，也常作刑場之用，因為馬為六畜之首，也就是人類畜養的動物，包括豬、牛、羊等之中最「尊貴」的一種，所以易象中「馬」也為「龍」，所以「馬場」在古代風水中被視為「金戈鐵馬」之地，如住近之人是服務軍警界或本身帶「煞」則未必為害，否則必遇盜災。而「校場」的煞氣，尤其不利家中的女性，所以女性的受害更為直接。

「馬場」在古代等同「教場」，是軍隊騎兵練馬之地，也常作刑場之用，被視為「金戈鐵馬」之地，煞氣甚重，尤其不利女性。

方向與神煞

除了天運二十年的五黃煞外，我們日常每年家中的改動，也要留意一些流年的神煞方向。首先我們把住宅的方向分為十二方，以子為正北方、午為正南方，從子方沿順時鐘方向，分別為丑、寅、卯、辰、巳、午、未、申、酉、戌、亥。每一方為 30 度。

太陽

陽宅的流年要進行裝修，如何方為適合呢？本來是以宅主人的出生年命，加上流月流日的飛星等複雜計算來決定，但現用一個比較簡化的方法來說明，就是以「太陽」所飛臨的方向來決定修造時間。「太陽」是指一定時間內太陽聚集之方向，而不是每天日出日落的太陽。

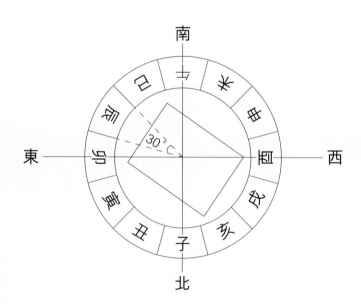

十二方位圖

　　「太陽」飛臨的方向，一般為適宜修造的方向，在此方位
進行裝修，一般不會肉犯煞而有不良影響。

　　以 2019 年（己亥年）為例，「太陽」於當年中所到的方
位分別列於「太陽方位表」。讀者亦可用每年的《通勝》，查
得當年的太陽方位資料。

太陽方位表

節　令	太陽方位	西　曆
大寒、立春	子	2019 年 1 月 20 日 至 2019 年 2 月 18 日
雨水、驚蟄	亥	2019 年 2 月 19 日 至 2019 年 3 月 20 日
春分、清明	戌	2019 年 3 月 21 日 至 2019 年 4 月 19 日
穀雨、立夏	酉	2019 年 4 月 20 日 至 2019 年 5 月 20 日
小滿、芒種	申	2019 年 5 月 21 日 至 2019 年 6 月 20 日
夏至、小暑	未	2019 年 6 月 21 日 至 2019 年 7 月 22 日
大暑、立秋	午	2019 年 7 月 23 日 至 2019 年 8 月 22 日
處暑、白露	巳	2019 年 8 月 23 日 至 2019 年 9 月 22 日
秋分、寒露	辰	2019 年 9 月 23 日 至 2019 年 10 月 23 日
霜降、立冬	卯	2019 年 10 月 24 日 至 2019 年 11 月 21 日
小雪、大雪	寅	2019 年 11 月 22 日 至 2019 年 12 月 21 日
冬至、小寒	丑	2019 年 12 月 22 日 至 2020 年 1 月 19 日

太歲、七煞

　　有「宜」的方位，也就必然有「忌」的方位。每一間房屋，
一年之中有一些方向是不宜裝修的。我們每年家中搬動傢俬或
裝修，要小心不在太歲、七煞及年、月三煞等坐向方動土為吉。

　　太歲為一年之主宰，掌管一年之吉凶，以子年（鼠年）在子方，丑年（牛年）在丑方等，餘此類推至亥年（豬年），十二年轉一圈。太歲宜坐不宜向，避之則吉，犯之禍大，例如住宅大門在子，稱為午山子向，子年即為向太歲；大門在午，稱為子山午向，子年為坐太歲。向太歲裝修為大凶，坐太歲最好不動不改，如果必須作改動，須看年月有吉星才可。

　　七煞又稱歲破，為太歲之對宮位，例如子年七煞在午，丑年七煞在未，推至亥年七煞在巳方，十二年轉一圈。七煞切不可犯，否則立見其凶，影響極大。

年月三煞

　　年三煞又分劫煞、災煞、歲煞。申年（猴年）、子年（鼠年）、辰年（龍年）在巳午未三方；寅年（虎年）、午年（馬年）、戌年（狗年）在亥子丑三方；亥年（豬年）、卯年（兔年）、未年（羊年）在申酉戌三方；巳年（蛇年）、酉年（雞年）、丑年（牛年）在寅卯辰三方。年煞宜向不宜坐，也就是說，在某年的三煞方不要動土、裝修或搬傢俬等。

　　月三煞為按月遷移的煞星，基本上和年三煞一樣，宜向不宜坐。其位置以農曆正月（寅月）、五月（午月）、九月（戌月）煞在亥子丑三方，農曆二月（卯月）、六月（未月）、十月（亥月）在申酉戌三方，農曆三月（辰月）、七月（申月）、十一月（子月）在巳午未三方，四月（巳月）、八月（酉月）、十二月（丑月）在寅卯辰三方。動此煞凶禍立即可見，遲則一個月發生，早則半個月生效。

三煞的理論根據是地支三合局

年月日時	合局	三煞
申子辰	水	（南）巳、午、未
寅午戌	火	（北）亥、子、丑
亥卯未	木	（西）申、酉、戌
巳酉丑	金	（東）寅、卯、辰

凶煞是一種時空間的力量

以上所說之太歲、歲破、牛二煞等，一般於現在流行的《通勝》中的流年九宮圖中可尋。例如豬年（己亥年），太歲在亥，故此巳方為犯太歲不吉，申、酉、戌三方為犯三煞也不吉，此外因辛庚兩方為三煞所夾，也作不吉論。讀者可以自己每年利用此圖，作為住居或辦公室裝修的標準，要是有必要在犯忌的方向改造修正，最好經專人指導後修改為吉。

「通勝」中的流年九宮圖

以下圖所示之某住宅為例，工人房在巳方犯歲破，睡房、主人房在申酉戌方犯三煞，故本年不宜修改建造這些房間。另外，主人房所在的方向為「戌」方。從太陽方位表可見，太陽在春分、清明節氣之際到臨「戌」方，也就是如果 2019 年 3 月 21 日至 4 月 19 日之間修造主人房間，便不會犯煞而有不良之影響。

以上所說是以流年裝修屋內某房間或部份為主，但如果是全屋改裝則有不同之處，一般都以不在不宜時間修造為宜。

筆者遇過很多朋友，他們在搬遷時請風水師看過風水後，事隔幾年，凶禍不祥之事發生，他們往往指責某人功力不足，但其實小心觀察，是因為他們在某流年不留神，任意改動裝修，犯了凶煞為禍所至。故此裝修搬遷一事，不要以為看過一次風水便可保百年之功，要知道所謂凶煞等等，不是什麼迷信的鬼神，只是古人從大量統計而決定出的一種時空間的力量，現代科學還沒有足夠的實驗及解釋，但讀者不妨把親友家宅中發生之事及時間，多多留意。

某住宅的十二方位

單雙數的玄機

　　古人要建新房子，在買下大小適當的土地後，便會請來工匠，要求工匠建「三間三進深」的房子，於是工匠便可以對建屋成本作估價，因為所有房子的式樣都有一定標準。有如今日房屋署所建的公屋，每個單位都是千篇一律。

　　什麼是「三間三進深」的房子呢？這是中國古代建築的術語。在一所房子中，正面兩條柱之間的空間，就叫做一「間」，而「三間」便是指該屋的正面闊度有四條柱位支持，所以中間有「三間」。在外面看來，該屋是分為三段，中間有兩條柱。

「間數」與「進深」

　　古時房子大小以「間數」多少而定，而間數則以單數為主。平房一般都是一間、三間，或五間；而七間往往是祠堂或大廟、官府之類的公共建築；九間至十一間為最高規格（故宮太和殿是十一間），只有天子及他特許在山東的孔廟可以用，否則便是僭越，是違反古代建築條例，被視作有造反意圖，罪可至抄家滅族。清代乾隆的寵臣和珅被嘉慶抄家時，其十大罪狀之一，便是因其家門仿故宮門的外裝，犯了僭越罪！

故宮太和殿是十一間

　　古代的房子以中間一個天井作為房與房的分隔，「進」是指入屋後的天井數目。所以，如果只有單屋便沒有「進」深，三「進」深即由門口至屋尾共有三個天井，有四間房子。

　　由此可見，多少「進深」也是代表了該屋的大小。而「進深」也是以單數為主，由一進以至九進都有。一般都是三進至七進左右，而房子由前至後，則以雙數排列。

大廟、官府之類的公共建築可用七間。

貴陽賤陰

現代人居住的環境已大大不同，我們知道這些古代建築模式又有什麼用呢？

其實不少風水書籍都是基於古代這種建築制度而寫成的，假如大家對古代建築方式不了解，便很容易變成瞎子摸象，更容易被江湖術士所騙。

為什麼「間」與「進」都是以單數為主呢？其實這都與風水有關。

雖然堪輿理論上要求「陰陽平衡」的中庸之道，但是相對而言，亦是「貴陽賤陰」，因此，在一間屋的正立面有單數的間、門及窗為最佳。

在現實中，柱「間」與「窗」之數未必重要，最重要是門要單數，不要有兩門而中間有實柱分隔，一個大間而有兩扇門，還算是單數一間。

普通的廟宇常為三間。

陰氣太重傷陽氣

　　香港人家居面積比古代細小，所以這些都不是問題，但是若看辦公室、工廠的風水，這些單雙數就要列入考慮之列。

　　而一間屋的深度則與正面間數相反，柱間以雙數為主，這便是平衡了陰與陽、單與雙之間的矛盾。

　　上述都是以重陽輕陰為主，但現代家居環境千變萬化，不可一成不變。筆者在國內曾經看過一間工廠的風水，該廠之間數是雙數，進深則是單數，與剛才所說的原則剛好相反，是一所「重陰」之屋。但由於該廠員工是以女工為主，「孤陰不長」之說不能成立。加上門口又是單數，且開正「旺位」，所以該廠生意不錯。

　　但是「孤陰」還是有影響的，工廠生意雖好，但廠內員工之間的工作不太協調，女工之間爭吵麻煩較多，也是一應。

三間兩進之屋

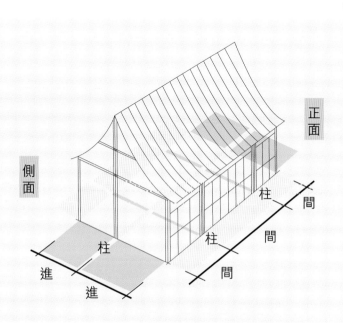

家宅吉凶

屋形

屋形宜深

　　一個住宅的屋形,以大門到屋對面牆壁為「進深」,以門之左右90度角的尺寸為「間闊」。「闊」與「深」一樣,即同尺寸,視為「四方」、「四正」。如果一間屋的「深」度尺寸比「闊」度大,則為「深」。

　　風水上如果坐向佈置得宜,「四正」及宅形「較深」的住宅較容易聚財、聚福。

風水詮釋

這是由「九宮」之風水學理而來,如果一座房屋它的坐向安排得宜,其「旺星」會安排在門前一宮,「中宮」及對門後的「坐宮」。

如果一座屋的深度比闊度大,它便可以「全方位」收納「門口」「中宮」及「坐宮」的吉氣。

吉凶效應

古人居宅,特別是長江以南及嶺南等「風水學」較流行之地,它們都多用「進深」比較大,門口較窄的設計,目的是收納「吉氣」於全屋。房屋深不足則「納氣不足」,氣運短小難聚財。

化解方法

在室內設計方面,應把握屋的「闊」與「深」的比例改變。

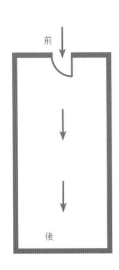

前

後

大師點評

古人居宅,特別是長江以南及嶺南等「風水學」較流行之地,它們都多用「進深」比較大,門口較窄的設計,目的是收納「吉氣」於全屋。

屋形不宜「淺闊」

如上文，屋「闊」尺寸比「進深」尺寸大的宅稱為「過闊」或「過淺」。屋太「淺闊」不能聚財。即使坐向相宜，也會因屋形變化而「應發而不發」，只可一般平穩發展。屋形太淺，發不長久，只是短福。

風水詮釋

與上文同理，根據「九宮飛星」學理的安排，即便門前排到「吉星」入宅，但因為屋形太寬，一間屋內納吉氣之地方比較少，其他左右兩邊地方混入他「宮」之氣，未能盡受其益。

吉凶效應

如果宅形淺闊，自不能「納福」太深，所以就算「飛星」佈局排到吉坐吉向，也會其福不顧，應發不發，只可小康。

化解方法

如果是商舖或獨立房屋，則可改建使其形體改變，成為「四正」或「深長」之格局。

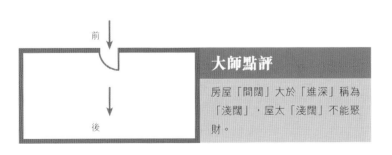

前

後

大師點評

房屋「間闊」大於「進深」稱為「淺闊」，屋太「淺闊」不能聚財。

前窄後闊為荷包

風水詮釋

所謂前窄後闊，即在門口一方較為淺窄，屋的後方較為寬闊，形成荷包形，此為吉，因為門口為納氣位，屋後夠寬，表示納氣亦深。

吉凶效應

家中納氣得深，遇上吉向，既可發財，亦可聚財，而家宅氣運亦會較為平穩。

化解方法

此項無須化解方法。

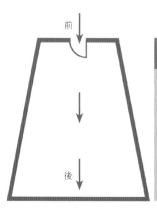

前

後

大師點評

前窄後闊的格局稱為荷包，門口納氣，屋後夠寬，可納氣深，遇上吉向，既可發財，亦可聚財。

前闊後窄為掃把

風水詮釋

前闊後窄與上項之屋形剛好相反,門口一方寬闊,屋的後方較為淺窄,形成掃把形,此為不吉,因為門口納氣雖多,屋後淺窄,令氣無處容身,容易外泄。

吉凶效應

家中納氣淺,即使遇上吉向亦難以全數吸納,吉也變為不吉,錢財亦難聚。

化解方法

以築牆或類似方法,從室內將住宅改回四方或長方形,才算四四正正,納氣方足。

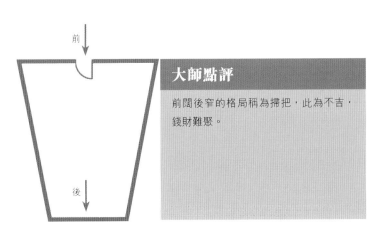

前

後

大師點評

前闊後窄的格局稱為掃把,此為不吉,錢財難聚。

大門及門前

門前路不要破碎

風水詮釋

門前路多沙石，導致路表破碎，風水上是帶煞之物，並不吉利，故應加以修補整理，並且保持清潔為上，有些人因個人喜好，在門前鋪上石頭、石卵之類的東西，以為別具特色，殊不知此舉正巧犯忌。在風水上，石屬八卦中的艮卦，為山，為阻，為險，主屋中人做事易橫生枝節，險阻重重，不能一帆風順。

科學印證

門前路不平，一不小心就容易跌倒扭傷，自然有礙健康。

吉凶效應

一般為不吉，具體情況須視乎飛星決定。

化解方法

將路面改鋪成平直光滑。

門前有檻

古代中國建築中在所有門前，特別是在大門的都有一條高高的「門檻」。現代建築中則往往無門檻，把大門關起來時也有一條小縫在門底，風水認為是「泄財」之象。

風水詮釋

門檻為一戶一室出入的「氣口」，氣口不密則會泄氣漏財。

科學印證

古代建築有「門檻」是有兩個原因：

第一點就是門口要密封不泄氣，在防衛保安方面，也不容易被外人利用作偷聽或偷竊之用。

第二點是古人作為一種「道德禮教」規條設計，因門檻高，進入一室一房是一個「有意識」的動作，因此一個客人不能以不小心為藉口而誤入內室。所以今日個別廟宇、祠堂還有一個不准踏上門檻入屋的禁忌。

吉凶效應

今天的現代人「花費」平均都比古人要多，而且多在不必要的事物上，這與現代房子沒有門檻也成正比例。

化解方法

現代房子不需要做古代的那種高門檻，只需在門前放一塊薄雲石片，高於門底之縫，使門在關閉時門外不透光便可。要注意，如果家住複式或小洋房別墅，除了大門要加門檻外，高層樓梯前也需加小門檻。

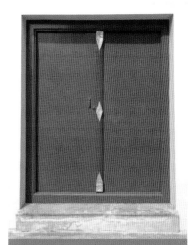

大師點評

古代建築的大門前，都有一道門檻，以免出現「泄財」之象。

大門前光亮清潔

　　有很多人為了利用空間，喜歡在家居的大門前堆放鞋襪、雨傘、單車之類的雜物；也有些人則是在返抵家門時，為貪一時方便，而將皮鞋等隨意擺放在門口。

　　另外，也有部份住宅因為設計關係，門前相對本來光線就比較黑暗，甚至有些伸手不見五指。

風水詮釋

門前為屋前的「外名堂」，外名堂要光潔明亮，該家人的家道才會日漸興旺，步步高升。因為外名堂光亮，才可聚財聚福。同時，大門為一屋之主氣口，堆積太多雜物，對納氣構成障礙，即使坐向吉利，也會大打折扣。反之，若納氣不吉，更會加劇其害處。

科學印證

門前雜物，既會阻塞通道，令人出入不便，容易造成意外，甚或與隔壁鄰居因此產生摩擦，口角頻生，有損和氣。

大師點評

門前隨意擺放鞋子，會阻礙納氣、影響宅運。

吉凶效應

門前雜物多　自然財福不聚

門前黑暗，則家道漸漸冷退，也就是家
中人與人關係也比前冷漠，要是再遇上
「凶星」，則容易發生離異。

化解方法

家門前不要亂放雜物，並經常保持門口
暢通。

「獅子」只宜放官家

在清代，只有身為皇家貴族或官至某高品級才可以在門口放獅子，否則只有在官衙門等「尊貴」之地才可放獅子。這不單只是封建禮法的一種階級限制，其實也是一種風水「厭勝」之法。

現代人不懂此種「規法」，有不少茶樓酒館、商店以至住家都在門前放一對獅子以為可辟邪擋煞。甚至有些不學無術的「江湖術士」也教人胡亂擺放「獅子」以擋煞。

不是「官家」而亂放「獅子」會招來官非。

風水詮釋

獅子為官家名器，用其凶以辟邪。但是如果本身不是「大官」，甚至只是一般老百姓，用這些「名器」反而不能「控制」其凶而招其禍。如果主人本身的行業帶「偏邪」，用獅子則必招官家上門之禍。因獅子為帶「正氣」的「名器」。

吉凶效應

1. 一般商人容易招惹官非及官方的麻煩。
2. 如果是一些偏娛樂的行業，如酒樓、卡拉 OK 等放「獅子」必惹官非。

化解方法

把「獅子」撤去便可。

特例

如果家中主任「官職」而正直，而「獅子」不至太大，與門戶大小對稱（門大獅小則無妨），則可保加官仕途。

大師點評

如果門前的獅子比門戶大則容
易招惹官災。

注：有住宅門前放一對像「獅子」
的石雕面無災；此多為「狻猊」
而非「獅子」。

大門忌半圓形

家居的大門應為四正長方形，忌半圓形。

風水詮釋

在古代中國宇宙觀上，天球是圓形的，而大地是四方的，這就是所謂的「天圓地方」。「天圓地方」並不單是概念或理想，在堪輿風水上也有實際的用途。因為「圓」代表「天」，也引伸為鬼、神及「永遠」的象徵。所以，在古代中國，半圓拱門大都用於陰宅（墳墓）之中，不是生人住的陽宅的正門。小量的半圓拱門設計也只用於通道、花園及一些軒、堂之類人不長住之所。

吉凶效應

大門做成半圓形的拱門，則整間房容易給人一種陵墓的感覺，易招陰氣，住戶容易變得情緒波動，易發脾氣，精神不能集中。

化解方法

將門改為方形則可。

大師點評

半圓拱門設計只可用在通道、花園及一些軒、堂之類，如作陽宅的正門則為凶。

門板要整齊平滑

風水詮釋

　　一間房屋的大門門板，恍如這一家對外的形象，門板整齊平滑，代表家中一切安好。

吉凶效應

一家人的財運以至彼此間的感情較佳。

大師點評

門板要整齊平滑，以保證家中一切安好。

門板不要分大小

風水詮釋

門板分為大小兩片,代表宅主容易在外拈花惹草,家中有一「大老婆」,外面另有「小老婆」。

吉凶效應

家中人易招惹桃花,卻非正常姻緣,引致家庭不和,爭吵連連。

化解方法

選擇單頁門板。

大師點評

門板不要分大小,否則會引起家庭爭吵,夫妻不和。

門板不要分二

風水詮釋

門板分二，代表夫婦心意並不一致。

吉凶效應

夫婦感情容易不睦。

化解方法

選擇單頁門板。

大師點評

門板一分為二，容易導致夫妻不和。

大師點評

採用單頁門板即可避免宅主出現非正常姻緣。

開門見窗為穿

有不少現代設計，住宅的出入大門開啟後，正對着窗戶或露台之門，能直接看到街外情景這種格局在風水上為「泄氣」，又為「穿」。

風水詮釋

風水的目的，是要把「氣」聚於住宅內，宅內人得氣而「雍聚」發旺，大門對窗則有相反的效果，故為「泄氣」。

科學印證

大門一開啟便見窗，雖然是空氣對流，但是如果氣壓不均或有狂風，則容易吹倒室內的東西。此外，家中的情況容易被外人看到，有損私密性。

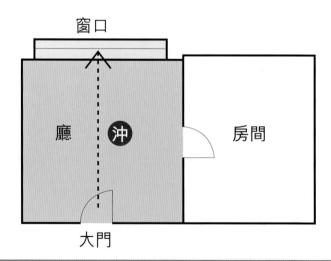

大師點評

大門正對窗戶，是為「泄氣」，即使門開在「旺方」，也會財來財去，很難聚財。

吉凶效應

住宅泄氣帶來的結果，最常見的是財帛不聚。就算門剛巧開在「旺方」，家中財源大進，其金錢也是財來財去，紙上黃金，不能有太多儲蓄。比例上只可以是十儲其一二。

更有一個情況，是全家人各忙各的，儘管同屋而很少有機會全家相聚。

化解方法

在大門前放一個裝飾櫃或一個屏風，使門前形成一個「玄關」，以阻外人從屋外窺看室內的情況。

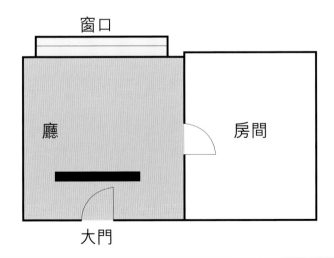

窗口

廳　　房間

大門

大師點評

化解這種「泄氣」之象，可以在門前放一個屏風，將氣聚在住宅之內。

樓梯沖門

在不少多層多戶的樓房中，由於設計的關係，有不少住戶的大門正對上樓的樓梯。這種打開大門便面對樓梯的格局，有三種形式。

情況一：樓梯從上層而來，面對正門。

情況二：樓梯在門前往下走到下層。

情況三：如果樓梯的位置與大門不是在同一直線則不屬於此格局。

風水詮釋

樓梯如果是直沖大門，一般都會帶有煞氣。就算方位是吉向，主人家儘管會發財，工作順利，也會容易在某年某月出現突然事故，是吉凶參半之局。但大部份情況下是凶多於吉。

如果樓梯在門前往下走是泄氣，家中的運氣容易慢慢衰敗。

大師點評

門前正對往下走的樓梯，屬於「泄氣」之象，家中運氣會慢慢衰敗。

科學印證

由於樓梯直沖大門，當大門打開時，容易被外人窺見室內情況，室內缺少私密性。

吉凶效應

第一種：樓梯從上層下來對正門，這一類是形格較好的情況。流年吉星飛到，會有吉慶之事，但如果流年凶星結集則會有災，所以這種格局容易招致突發事故或運氣好壞反覆的情況。

第二種：門前對往下走的樓梯。

此種格局比前一種差，有吉星到時效應減弱，有凶星同樣出現事故，而家中財運及人際關係都會漸漸走下坡。

化解方法

門後放一套高於門而不通風的屏門或屏風，以擋直沖之氣。

在往下走的樓梯邊加一個小門檻以防泄氣，免致財運泄走。

特例

如果「理氣方位」上剛好「人運吉星」到門口的方向，而門正對由上而下的樓梯，這樓梯變成「天階水」層層下殿，主大發大旺，但也有流年遇上凶星到門而突然變凶之效應，宜有不透明的屏風遮擋為全吉。

大師點評

門前正對着以上層下來的樓梯，屬於形格比較好的情況，具體要視流年飛星而定。

大門對沖

一間屋宅如果大門正對鄰宅的大門，是為「門沖門」。大門對沖的現象在以下幾種情況下都會出現：

多層多戶的大廈中某單位大門沖隔相鄰單位大門；

單位在一條走廊的末端前對另一端的單位；

單幢的別墅大門正對鄰街別墅的大門。

風水詮釋

風水上的「沖」，大多由彼此位置上的對立而得出，一般表示雙方有沖突或不和。

吉凶效應

單位大門為一家入「氣」之主，主禍福之權柄，如大門正沖鄰宅，要視乎「坐向」「生旺」等「理氣」的詳細推斷。最輕微的情況是單位中人與對沖單位宅主很少來往。如果「理氣」不佳，對沖單位內的住戶容易變成互相猜忌，甚至因事反目為仇。

化解方法

在大門後擺放裝飾櫃或屏風，既增加私密性，又避免直接之「沖」。

有些風水派會提議用「八卦鏡」或「三叉刀」等東西懸於門頂為「厭勝」之法，但此等東西容易招惹鄰居之忌，有損睦鄰之道，兩家因此反目成仇的例子也有不少。

大師點評

大門對沖，易引起雙方不合，甚至反目成仇的情況。

大門面對走廊

有時候，住宅的大門雖然沒有與其他什麼門沖門，但門前面對一條直的走廊通道，正正的沖過來。

風水詮釋

仍須牢記，單位大門為一家入「氣」之口，門口方向的來氣，對全屋的吉凶有很大影響。直長的走廊通道，對門口方向來氣的吉凶效應，有加強的作用。

吉凶效應

要決定長走廊通道是吉還是凶，先要看門口所處方向的「理氣」。如果門口的理氣吉，則走廊沖着反而是現代建築設計中的大吉，有錦上添花的作用，但這種情況通常有一個問題，時運到之時則大吉大利，如果一旦好運過後，門口變成退氣或衰敗之時，則該宅會在很短時間內有強烈的大破敗。

除了理氣是首要的因素之外，一般來說，如果某人的座位正對在走廊沖正之處，則其人身體或家人往往會毛病叢生，以致要開刀做手術。若非「沖正」的情形下，則沒問題，切勿庸人自擾。

化解方法

如果有「正沖」的情況出現應怎麼辦呢？最好的方法，是把枱椅搬側，便可避免走廊正沖。如果枱椅不能改，最好能在門前後加設屏風，但要小心「理氣」會否因此而改，影響整體大局。

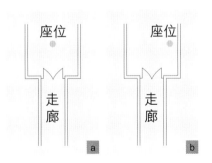

a. 如果人的座位正對在走廊沖正之處，則其人身體或家人往往會毛病叢生。
b. 如某人的座位並非正對在走廊沖正之處，便沒有問題。
c. 如某人的座位正對在走廊沖正之處，宜把枱椅搬側或在門前後加設屏風。

住房不宜作圓形

大家如果研究中國古代建築，會注意到大部份都是方方正正的四方形或長方形，絕少有在平面上是圓形的建築物。唯一大家能馬上想起的，只有北京天壇及一些圓形亭子。

在古代，甚至圓拱形房間（不是城門）也很少，用圓形拱樑的只有南京的無梁殿及一些花園中的「月門」和客家人的土樓。

總之，中國住宅建築都以方正為主。

風水詮釋

中國人以自己為宇宙中心，「中」字本身也有這種含義，就算今日科學以銀河系或太陽系為中心，中國術數上相對以地球為基礎，這套宇宙觀中天球是圓形且不斷轉動的，而地球是「四方」而穩定少變，即所謂的「天圓地方」。

由於圓是不穩定的，是「易」變的，所以除了祭天的天壇外，住家民宅都以方形為較穩定吉利的形狀。

吉凶效應

長期睡在一個圓形睡房內或在圓房辦公，會不能熟睡，身體變得容易疲倦及工作不能集中，易發脾氣。運氣上也比較差且多波折。

化解方法

用室內裝修改圓形房為方形則可解決。

特例

「圓形房不吉」只是對睡房及辦公室而言，對多類圓形大廳未有影響：

1. 圓形公共大堂；2. 圓形宗教建築；3. 博物館

大師點評

清真寺雖然也屬圓形房屋，但並不會受到影響，屬風水之特例。

屋正中有柱為「穿心」

風水詮釋

一座住宅有如一個人，住宅的大門正如人的口，禍福都是從此進出。灶和廚房有如人的腸胃，主室內人的飲食身體健康。住宅之中心點有如人的心臟，是血液循環的中心。至於家中的睡房則有如人的私處，對健康、活力、夫婦和諧及生育有影響。所以，住宅之中心處宜為室內交通來往的天井、走廊，不宜有實物阻擋。

吉凶效應

屋正中有柱稱為「穿心」，有如心臟閉塞一樣，主一家之主的男主人有凶禍。宅主一定是男性而不能是女性，是因為古代是以天尊地卑、男女陰陽之法作「統計」準則，與男女平等無關。現代如果單親之家的一家之主是女士，則不會有災，因為這表示家中「無男宅主」。

化解方法

如住宅為女性居住，問題不致太大；若為男性，須儘快拆去屋中之柱。

大師點評

屋中有柱子，一般會不利於家中男子。

地板不要破碎、凹凸

風水詮釋

風水學認為，一間屋必須四正平衡，至於外形凹凸，都是帶煞之物，地板不平，也屬此例。

科學印證

地板破碎、凹凸，走起路來不舒服，而且容易絆倒，引致受傷，對小孩子尤其不利。

吉凶效應

做事多輾轉折磨，進展受阻。

化解方法

儘早填平地板，使之平滑整齊。

大師點評

屋中地板要保持平整光滑，以避免帶來不利影響。

橫樑壓頂

在有些房間裏，在天花頂上有一條凸出的橫樑，橫跨整個房間，橫樑下面正好壓在睡房的床上或辦公室辦公椅上。這種情況一般是由於結構所需但設計不善而形成的。

風水詮釋

現代房屋樓層高度比古屋低，床為個人休息之地方，每日平均正常睡 8 小時計算，每天每個人要花 1/3 的時間在此處，有橫樑壓頂，「氣理」便會不暢，為不吉。

科學印證

由於睡眠時身體附近的氣流受到橫樑或吊燈阻擋，在「流體動力學」的原理下，氣流受到壓縮而流動較快，猶如在那個部位上長期有「風吹」，影響皮膚表面的溫度，因而「可能」影響其生理功能。

吉凶效應

橫樑壓在人體的某一部份，這一部份就容易出毛病，例如橫樑壓頭，最輕微是個人睡眠不足，不能熟睡，影響白天工作時的精神，重則可以致病。如果橫樑壓在腿的部份，則容易跌傷或滑腿撲倒。

化解方法

如果是辦公室，可以在房頂安裝假天花吊頂把天花弄平。如果是家居，應盡可能在安床時避開天花上的橫樑，如果避不開，只能將床搬去另一間睡房。

大師點評

橫樑壓頂會直接影響屋主的身體健康，橫樑壓在身體的某一部份，這一部份就容易出毛病。

家居不要用暗燈槽

在一個平頂的室內空間，由於室內設計而在四周邊設有隱蔽「折射」燈光的天花燈槽，目的是使室內有更柔和的燈光。但由此變成好像四邊都有四條橫樑壓下的現象，其中有一條壓在睡床上。

風水詮釋

家居用暗燈槽，容易藏污納垢。而且會造成「橫樑壓頂」。

吉凶效應

暗燈槽造成四面都有橫樑下壓的現象，
使「氣理」不暢，為不吉之象。

化解方法

拆去壓頂的部份便可。

大師點評

暗燈槽容易藏納污垢，古人稱之為「招陰」，對身體也有不良影響。

吊燈壓頂

　　現代室內設計，往往把天花燈的位置放在一個房間的中央，由於房間不大，當房間擺放大床後，大床往往被房頂上的吊燈壓在中央或腿上的位置。

風水詮釋

吊燈壓頂的情況與橫樑壓頂相似，風水上要求個人睡眠空間上不要有任何「凸出物件」阻擋為「正當」。

吉凶效應

吊燈壓頂的效應與橫樑壓頂相似。
吊燈一般會壓在床上睡眠人的肚與腿部的位置，壓在腿部容易出現跌傷或滑腿摔跤之象；壓在肚容易出現各種毛病以致要施手術。

化解方法

最簡單是把吊燈位置移開，不要壓在大床上。

大師點評

由於設計因素，吊燈往往壓在睡床的中央，會導致人體被壓住的部位出現病痛，是不吉之象。

吊燈組數

現代家庭中常常會用很多不同設計的燈飾，要注意是每一組燈飾中燈的數目多少。一般燈組的計算可以分為兩類：一是以一個吊燈內共有幾個燈泡為數。二是以同一燈飾或組合在一起的一組燈之數計算。

情況

一至十為數，如果是十則以「五」為算，超過十則以零數為算，例如十三個燈泡的一組吊燈，則以「三」為數。其中以「六」、「八」、「一」燈組為吉。「九」數雖為吉數，但如果室內紅、綠色裝飾太多，又配合「九宮飛星」火星聚集，則容易有「回祿之災」，釀成火災。「三」、「四」為中平之數。「七」、「二」、「五」為不吉數。

風水詮釋

燈泡之數，與九星之吉凶有關。以現在「下元八運」而言，一白、六白及八白皆為吉數，故為大吉。九紫雖為吉數，但九紫是火星，容易惹火。「三碧」、「四綠」為中平之數。「七赤」在八運為「退氣」之星，七赤是「先天火數」故也易惹火退敗。「二黑」為「先天火數」，在八運更為「災病」之星故為不吉；「五黃」為土煞，五組燈泡是「火」生旺「土煞」，為不吉。

吉凶效應

二、七、九組燈易惹火災。「七」組易招退敗，官非刑獄。「二」黑為病符易招災病。「五」黃為土煞不利男生，如「二」加「五」為「二五交加不利主」，主男主人離異或災病。

化解方法

「把燈泡拔去不亮」是使氣脈不通，絕非化解之法。最簡單是列換新的燈組，把二減為一，五改為三之類。

特例

如果家中並無男主人，女子持家而女性為主人，則用「二」、「五」燈組也未必有大害，病痛則不免。

大師點評

此屋燈泡組數為五，五黃為土煞，不利男生，是為不吉，可改其組數為三，即可化解。

大師點評

此客廳內的燈具，燈型為圓形，可招貴人；燈組數為八，八白為吉，同時又避免了吊燈壓頂的情況，故為大吉之象。

住屋不宜假天花

風水詮釋

風水上，一間屋除要坐向合格外，其他一些基本因素也不可忽視，譬如要日光適中，以及窗明几淨。現在有不少住宅都喜用假天花設計，即在天花板下另設一層，並置燈槽於其中，以為美觀時尚，殊不知正是犯忌，因為假天花的設計，其實一如橫樑壓頂，會對屋中生活的人產生不良影響。

科學印證

同「橫樑壓頂」。

吉凶效應

同「橫樑壓頂」、「吊燈壓頂」。

化解方法

切勿在假天花下再另置一物，以為可阻其勢，效果只會更壞，最直接方法就是將假天花拆去，還原原本的樓頂。

大師點評

現代裝修設計中，很多人選擇在屋頂裝上假天花，以飾美觀，但這正如橫樑壓頂，會對屋主產生不利。

眼鏡房

風水詮釋

房門為納氣之門，如兩房相對，即現稱之眼鏡房，即有互沖之勢。

吉凶效應

住在此兩房中的人，容易出現不和，經常為小事爭執。

化解方法

將其中一間房的房門移開，令兩房房門不相對即可。

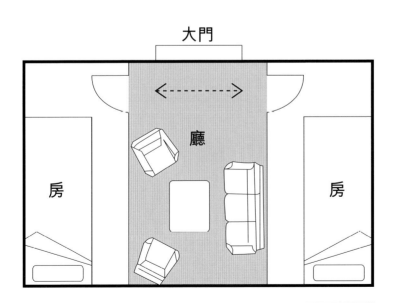

大師點評

在選擇住房時，盡量避免出現兩房房門相對的情況，以免出現口舌之爭。

屋大人少，家無「聲氣」

　　很多人都覺得身份愈高，屋的面積就應該愈大，風水學上認為，屋宇大小應視乎家庭成員數目，屋大人少反而使「家道中落」。

　　「家道中落」是指家中的人口越來越少，或家中的子孫四散東西。

風水詮釋

在今日交通發達的社會，家庭成員一住北京、一住美國、一住香港的情況也十分普遍，這些家族也會常見面，四散也不以為然。

但如果希望像傳統家族一樣，家庭成員常常可以聚首，屋大人少則為不利。

屋大人少更不利屋內人與人之關係，容易變得冷淡。

屋大人少是相對的觀念，沒有一個「準則」，一般如果 300 平方米住 2 個人（包括工人），為屋大人少。

廣東人俗諺「某某毫無『聲氣』」，「聲氣」是指家中要常有人聲及人動的氣息，才可旺家。

科學印證

家中太靜，代表家內人與人之間缺乏溝通。

家宅太大，人人住在不同房間，也會減小彼此間溝通的機會，自然容易產生不必要的隔膜。

吉凶效應

如上所述，屋大人少容易使家人生隔膜，各有所忙，聚少離多，缺少傳統的團結力量。

化解方法

如果家中人太少，可以養狗或養「會唱歌」的小鳥，增加家內的聲氣。四散的也比較多聚首一堂。

特例

家中長期不斷播放音樂，也是增加「聲氣」的一種辦法。

注：養貓，養魚或不唱歌的小鳥不能使室內增加聲音，故無此效用。

大師點評

大屋子並不一定就是吉利，如果屋大人少，反而容易出現「家道中落」。

房不宜紅橙色

有些家庭的兒童房，主題色調為紅橙色，因為兒童大多喜歡這種顏色。

風水詮釋

紅橙色容易令人煩躁，屬不吉之象，應盡量避之。不過如果居住之人屬於火、土之命，則不必有這種忌諱。

大師點評

房間佈置以紅橙為主色，令人容易煩燥，但火、土命不忌。

房間綠色致情緒不穩

很多青年很多擺出綠色調，以佈成較自然之感，但是綠色的容易使人情緒不穩定，在風水上屬於不吉之象，如果本身就有精神方面的疾患，更會加重病情。

化解方法

最好將其換成白色或乳白色。

大師點評

精神病人或情緒不穩定的人的房間，不宜以綠色為主色，會加劇病情。

居室光線

現代的高層樓宇，往往在買賣時宣傳面面單邊，風涼水冷風水好。也有不少自以為懂點風水原理的人認為，樓宇風水要好，一定要陽光充沛、通爽開暢便自然舒服風水好。

風水詮釋

「風水」二字的解釋，堪輿學上主要是「藏風聚水」，這也是「風水」俗說的來由，古代中國人認為，萬物充滿着一種合陰合陽之「氣」，能使這陰氣與陽氣相交及聚合，便是一處風水好地。

吉凶效應

如要風水好，陰陽兩氣要平均。進入居室時感覺室內陽光不足或有一種壓迫感，都是陰氣較重之宅。古代的中國民居一般都有這種現象，這是因為古代住宅沒有空調系統，窗戶小在夏天時比較涼快。

陰氣重之宅有一個好處，就是比較容易聚財，因為陰招財。但刀無兩頭利，如果陰氣太重及理氣不好，陰可招病及有鬼怪幻覺等事。

相反，現代住宅所追求的光猛通爽，也會犯陽亢之毛病。陽氣太重財不聚，有名無利財來財去，人丁更不聚，現代的現象是該宅的兒女很早已離開父母出外留學或分居。

化解方法

如果家宅陽光太猛，最簡單的方法是用窗簾布把室內的光線減低。

夾角窗

現代的住宅中有一種設計，是不合乎風水的原則的，就是把房間兩面相連90度的夾角牆上都開窗，這一種稱為「夾角窗」的設計正犯風水上的大忌。

風水詮釋

如果該窗一面向正東，一面向正南，便稱為「夾角桃花」，犯者家中一定有桃色糾紛或夫妻不和，因為這種設計在理氣上往往犯上陰陽差錯，一方吉氣到則另一方凶星入戶，甚至兩方同時有凶星飛到。

吉凶效應

由於這種「夾角窗」之氣不是由一個方向而來，所以往往是吉中藏凶，如時機不巧，兩邊同時飛到凶星，則為大凶。

化解方法

要解決這種情況，最簡單的方法是把其中一個牆壁的窗門用那種全不透光的窗簾封閉，要以一點光也不透為原則便可。

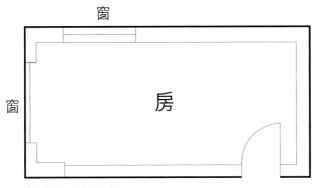

夾角窗正犯風水上的大忌

廚房與飯廳

飯廳不宜對廁所

風水詮釋

古人將日常起居之地與廁所等污穢之地分開得清清楚楚。

科學印證

廁所既為污穢之地，若門正對飯廳，其污外泄，容易導致用餐時一並吸入，有損健康。

吉凶效應

屋宅中人健康受損，容易惹上呼吸道、腸胃病等問題，具體情況須視乎飛星而言。

化解方法

在廁所門裝上彈簧，平時門會自動關上，待使用時才推開。

大師點評

現在有些家庭依然是廚房或飯廳正對着廁所，不過如果廁所門能夠自動關閉，並且關閉得很嚴密，那也可以起到化解的作用。

廚房灶不宜對飯廳

風水詮釋

一直以來，廚房都是殺雞殺鴨之地，陣陣血腥，難免污穢不堪，所以古人都將廚房置於天井之外，隔離於起居作息之地，現代高樓大廈林立，客廳廚房多共容一室，亦不為怪事，唯廚房的性質不變，故須注意灶門之所向。

科學印證

在宰殺食材的過程中，不潔物質隨時外泄，情況一如廁所對飯廳，有損健康。

吉凶效應

廚房面對飯廳，熱火外泄，家人容易起爭吵。

化解方法

如上例，宜在廚房門上裝上彈簧，使其自動關閉，有需要時才打開。

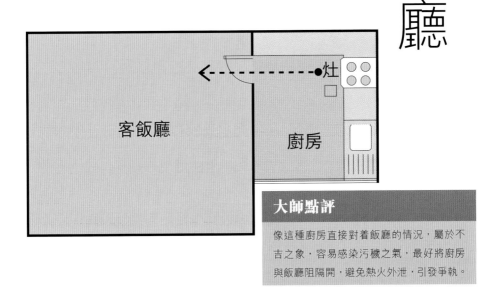

客飯廳

灶

廚房

大師點評

像這種廚房直接對着飯廳的情況，屬於不吉之象，容易感染污穢之氣，最好將廚房與飯廳阻隔開，避免熱火外泄，引發爭執。

廚房不宜開放式

風水詮釋

現時居所較為狹窄,不少人都喜歡將廚房改為開放式,一方面追求時尚,一方面增強空間感,殊不知這樣做正犯了風水上忌諱。

科學印證

廚房內煮食,自然油煙厚積,開放式設計會使油煙釋出廳外,而在屠宰過程中,肉類中的細菌也難免四溢,導致屋中空氣質量欠佳。

吉凶效應

裝開放式廚房,一般家中各人脾氣較大,而且健康情況亦較差。

化解方法

將開放式設計改為傳統的三面牆壁及一度門模式,同時保持廚房內空氣流通,抽氣設備完善。

大師點評

開放式廚房,廚房與飯廳正對,正好犯了風水的忌諱,最好還是採用傳統的廚房與飯廳分隔的模式。

灶頭向旺，灶座坐衰

風水詮釋

一屋之風水，首重灶頭，工灶灶頭的坐向吉凶，影響一家人的健康，不可不注意，而灶頭的位置，經理氣計算，須設於生旺位，蓋此舉有催旺生氣的作用，全家人也因此得到裨益，而灶座須設於衰退之方，用以坐壓衰氣，降低其凶煞，此謂趨吉避凶。

吉凶效應

灶向及灶座擺設得宜，可確保一家人之健康，更有催旺之效。

化解方法

須經理氣計算，難以一概而言，提供化解方法。

大師點評

灶的安放對此屋的風水有很大的影響，一般安灶都是向旺坐衰，灶頭的位置要朝着旺位，而灶座要坐在衰退之方，以坐壓衰氣，避凶就吉。

水盆在旺，去水位洩衰

風水詮釋

水盆為來水位，有注入帶動之意，故應按照飛星位置，陣列於吉星降臨之方位，有催旺之效；反之，去水位則有卸除之意，應置於凶星衰退之方。

吉凶效應

水為財，若星盤在旺方，有財源廣進之意，有利於積聚個人財富，而去水位在衰方，則可減低不吉利的影響。

化解方法

此項無須化解方法。

大師點評

水為財，水盆為來水位，將水盆置於旺位，可以帶動財源，有催旺之效。而去水位則應置於衰方，以減弱不吉的影響。

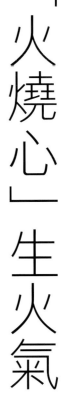

「火燒心」生火氣

外國有不少呎寸的廚房是設在一家的中心位置，這種設計在美國西岸三藩市特別流行。

風水詮釋

家宅有如人身，中心點就像人的心臟，所以「穿心」和「火燒心」等都是大忌。廚房設在一家的中心位置，猶如在人的臟位置煽風點火，正犯了風水上「火燒心」的大忌。

吉凶效應

在「火燒心」的房子居住的人有一個現象，就是「心火」特別猛，容易沖動及脾氣壞，因此，家中人與人的關係便一定有問題。如果兩夫婦入住，往往容易搞到離婚。

化解方法

如果戶主是單身人士，或甚少在家中煮食的家庭，則無大礙。若是有整個家庭在一起居住，又要經常開火煮食室的，則以遷出為妙。

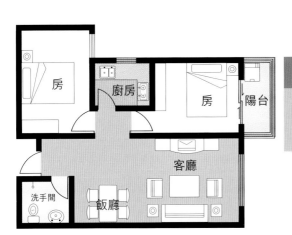

大師點評

如果戶主是單身人士，雖不會有人與之吵架，可算無大災害，但是也不利拍拖。

床後要有靠山

風水詮釋

睡床跟屋宅一樣，要有靠山，才能使人安穩入睡。反之，如床後空虛，形成無靠之象，則為不吉。

有些人喜將床頭靠窗，貪日光射進床前，殊不知正犯無靠之弊。

吉凶效應

床頭有靠山，主人生活上一般會較為安穩，亦較多在家中；反之若無靠山，既會睡不安枕，平時亦多飄泊，須四處走動，生活比較辛苦。

化解方法

移往靠牆位置，唯須注意牆壁另一邊不能是洗手盤或浴缸，避免生活水流長時間朝頭部沖刷。

大師點評

臥室中的睡床床頭要靠在牆上，而且要距離窗戶遠一點，床頭靠牆，主人生活安穩，有貴人相助；床頭靠窗，則主人多漂泊，難以安定。

床前要有明堂

風水詮釋

風水上，統稱睡床腳前的空間為名堂，名堂常為水聚之處，要低、平、潔淨方可聚財。

吉凶效應

名堂既為水聚之處，保持潔淨則有聚財之效，有些房子面積太小，睡床夾在兩面牆壁之間，難以容納名堂，於是錢財亦難聚，現時有些人喜歡在床前置一矮櫃，擺放雜物、衣飾，以至電視機等，令名堂不平不淨，這樣就是撥水出名堂，結果是無論家中賺多少錢，總是錢來錢去，毫無儲蓄可言。

化解方法

最直接的方法就是將床前雜物移開；如果房間較小，無名堂可言，則以搬房為上。

大師點評

睡床前面的空間，稱為「名堂」，名堂潔淨、低平可聚財，反之則為去財之象。因此不要在床前擺放雜物，沖了財氣。

床不宜兩側都有門或窗

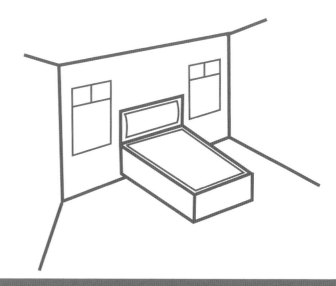

大師點評

睡床除了要注意床頭靠牆，遠離窗戶之外，還要注意不能床兩側都是門或者窗，形成「兩脅生風」之勢，這樣對床上人極為不利。

風水詮釋

風水上強調有靠山，睡床亦然；如果睡床兩側皆為門或窗，風水上稱為「兩脅生風」，終日難得平靜，主對床上人不吉。

科學印證

由於對流關係，令空氣長時間高速流動，令室溫降低，人在入睡後，活動減慢，體溫減低，容易因受風寒侵襲而生病。

吉凶效應

身體會較孱弱，多病痛，蓋室溫降低，容易睡不安寧，減低身體抵抗力之故。

化解方法

至少關上其中一邊的門窗，減低對流效應。

床板不宜分兩片

　　許多人都忽略了對床板的要求，風水上，床板必須是一片，不宜分為兩片，甚或時下流行的龍骨（以一條條木方置於床褥之下），也出現同樣問題。

風水詮釋

風水學認為，家居的用具和擺設，可影響家中人的時運及遭遇，選用得宜，可令一家和睦，氣氛歡愉，反之則易令家中人不安，甚或出現衝突，故對家具不應掉以輕心。

吉凶效應

床板分為兩片，特別是置於主床之下，容易造成夫妻感情不和，因為兩片床板，就是將床一分為二，情況就如同床異夢，龍骨形床板的情況也是一樣，至於一片床板，代表夫妻二人同心，可減少爭執，有助於彼此溝通。

化解方法

將兩片床板合而為一，以不見接縫為佳。

大師點評

床板一分為二，會出現夫妻不合，同床異夢的現象。最好選用一整塊床板，保證家庭和睦，夫妻同心。

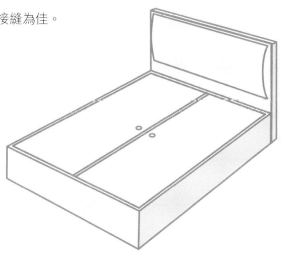

兒童不宜睡高架床

風水詮釋

為節省地方，現今甚為流行將睡床分為上下二層，即所謂高架床，這情況在兒童房中十分常見。其實，這種高架床的上層對下層的影響，一如橫樑壓頂，並不吉利。

科學印證

見「橫樑壓頂」項。

吉凶效應

睡在下層的兒童受影響最大，他們每天受壓，比起睡在上層的兒童，他們一般會較為頑皮，讀書成績以至身體健康也會較差，這種情況引申至工人房內的傭人也是一樣，睡在下層的那位傭人做事會較為疏懶，睡得也較差。

化解方法

將兩床平排，避免再分上下兩層。

大師點評

這種上下兩層的兒童床，對住在下層的人來說，正好形成「橫樑壓頂」之勢，屬不吉之象。

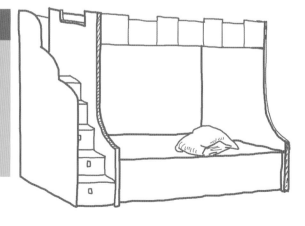

孩童床與父母床相沖

> 如果孩童與父母同睡一房，而孩童床位與父母床位方向相對；或雖然分房向睡，但彼此房門相對，床位方向又相對，都屬於相沖。例如孩童頭睡在西腳向東，父母頭睡在東腳向西等情況。

風水詮釋

由於坐向南轅北轍，理氣上也往往是相沖相抗，因此容易使人思想不一，導致容易引起不必要的衝突。

以洛書基本格局來看，東方屬木，西方屬金，五行「金剋木」相沖。又南方屬火，北方屬水，「水剋火」，水火不相容，也為相沖。

吉凶效應

孩童容易出現反叛性格，與父母不和。在大小思想意見上都與父母南轅北轍，出現代溝。即使孩子表面上比較聽話及不反叛，但他心中思想價值觀也與父母大異。

化解方法

把孩童的床位改變，只要不與父母之「床」向相沖，與父母同向或偏左偏右九十度都可以。

大師點評

將兒童床與父母的床錯開擺放，可以避免相沖，避免出現孩子與父母不和等情況。

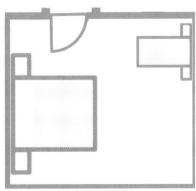

睡房多門為散氣

　　風水上認為,房間作為作息之所,必須氣聚才算吉利,因此房間無須太大。大家若到過紫禁城一遊,就不難發現明清皇帝的寢室,以至龍床,可能比閣下的睡房還要窄小,皇帝作為九五之尊,寢室要劃分多大就可以有多大,何以建成這種模樣,就是出於要氣聚的道理。

風水詮釋

所謂藏風聚水,「氣」要積聚始為吉,門窗雖可收氣,但太多亦會令氣泄散,吉亦不為吉,凶則更凶。

科學印證

多門跟多窗一樣,容易產生空氣對流效應。

睡房不宜對廁所

一直以來，廁所都是藏污納垢之地，所以古人都將之割定在大井之內，與大廳和寢室保持距離，然而時下居住空間狹窄，有時難免房間正對廁所，產生不良影響。

科學印證

現時主人套房內都設有廁所，而廁所門口往往正對大床，而即使廁所門開向房間旁的牆壁，也會由於對流關係，將廁所內的氣流以至細菌帶至房內。

吉凶效應

房中人容易生病，精神萎靡（如流年流月九星中的病符星臨門，則病情尤烈）。

化解方法

與處理廚房門對飯廳一樣，宜裝上彈簧，使廁所門自動關上，以免污垢外泄。

大師點評

和廚房不能正對廁所同理，睡房也不宜正對廁所，否則容易使污穢之氣進入睡房，對主人不利。如果屋內有廁所，最好關緊廁所門，以化解「煞氣」。

睡房不宜掛鏡

　　現代人受西方文化影響，也為了方便整理儀容，很多人都會在睡房內安裝一面無阻的「明鏡」。而按我國古代的傳統，小姐梳妝時會叫下人把妝台打開使用。平時，銅鏡在不使用的情況下都是蓋起來的，使用時才打開。

　　在睡房內安裝「明鏡」，一般容易導致夫婦多爭吵不和，更壞的情況會影響夫婦情感，導致夫婦分離或出現外遇。

風水詮釋

因為「開鏡」會反吸其對面之「氣」，因而增加其力量，但由於流年流月吉凶不同的星辰不斷流轉，如果「凶星」飛到鏡的相對方向，則容易加強不吉之力量導致室內夫婦不和或離散。

科學印證

鏡面有「反映」作用，在室內裝置容易使人產生幻覺，疑神疑鬼，影響日常活動及睡眠，以至影響個人心理生理健康，影響夫婦之間的關係。

吉凶效應

容易引起夫婦感情關係，出現「大起大跌」，因而引發分離，離婚等現象。

化解方法

在睡房內可以不裝置「明鏡」。

如果已在室內有不能改動的鏡子，可以用布把其蓋上，在使用時才打開。如果要使用大鏡子，可以安裝在櫃的門內側，打開櫃門便可以作大鏡子使用。

特例

1. 如果是平鏡子，適當地使用在茶樓、酒店、飯店、商店等要招陰的地方，則有招財的作用。

2. 凹或凸鏡則可在適當情況下作為擋煞之用。

大師點評

睡房內不宜掛鏡，尤其是床頭，更不能掛明鏡，否則會引「煞氣」上身，使床上之人容易患病。另外睡房中掛「明鏡」，也會導致夫妻不和。

客廳沙發宜置靜方

風水詮釋

一間家宅，均有宜靜或宜動之方，而客廳中大型沙發等物，宜置於靜方，因旺方宜為通道，將生旺之氣流通全屋，故避免用沙發等物阻擋旺氣。當然，具體的位置每屋不同，須視乎理氣飛星決定。

吉凶效應

沙發等物壓靜方，可將無可避免的「煞」氣鎮住，從而達到趨吉避凶的目的。

大師點評

將沙發置於靜方，可鎮住「煞氣」，避凶就吉，亦能避免阻擋旺氣，為大吉之象。

樓梯、走道宜置旺方

風水詮釋

根據九宮飛星理論，一間屋中總有生旺方和衰病方，風水的奧妙，就是如何趨吉避凶，盡量發動旺方之氣，令全屋吉利，至於煞方則以靜處為妙，可不動即不動，因此，平時在室內走動的通道和樓梯等，均宜置於旺方以帶動旺氣。

吉凶效應

牛旺方借樓梯通道帶動，可令屋中各人諸事順利，做事得心應手，且相處融洽。

大師點評

將樓梯、走廊置於屋內旺方，可以帶動旺氣，令屋主諸事順心，全屋吉利。

房間不宜雜亂

風水詮釋

風水學認為，一間屋就像一個人的身體，大門口是人的口部，用以納氣呼吸，廚房是人的胃部，用以消化吸納，如此類推，因此，如果家中有破爛物品，如停頓的時鐘，失效的家電等，就像身體出現了毛病，令人覺得不舒服，這樣又如何能住得安樂？

吉凶效應

家中多失效家電，會導致做事多阻滯，總是不太順利。壞電器失效愈久，愈發覺諸事不順。

化解方法

儘快修理各種失效電器，個人運程自然轉至暢順。

大師點評

屋中物品擺放雜亂無章，會影響屋中氣的流通，不利於氣聚，形成阻滯之勢，屋主辦事必多不順，為不吉之象。

大師點評

屋中整齊潔淨，物品擺放錯落有致，可避免阻滯，
令屋主諸事順暢吉利。

書桌宜在文昌位

　　風水上的文昌位，是經過複雜的計算，才能決定的。但一般上，將書桌安放在東南位亦是文昌位，但力量不及經過計算後的文昌，因為每間屋都會有不同的文昌位置。

風水詮釋

根據玄空飛星，九星各有特質，其中「四」為文昌星，代表有利讀書，得意於功名仕途，而照洛書分佈，「四」在東南方，故一般以此方位利讀書，在此擺放書桌，可收文昌星之吉應。

吉凶效應

書桌擺放得宜，孩子讀書通常會較順利，成績亦較佳，甚至日後工作亦有利於升遷。

大師點評

書桌擺放在東南方的文昌位，可收文昌星之吉應，利於屋主工作仕途的升遷。

房中不宜太多電器

風水詮釋

一間屋的風水，以易經所着重的平衡為要，金木水火土五行分量亦要分佈得宜。今天科技發達，許多人都喜歡將不同家電置於屋內以至房內，一般家電，因有電流通，發光發熱，五行上視為火，請切記火不可太盛。

科學印證

房中家電太多，對電量構成沉重壓力，容易流電短路，碰巧風高物燥，更會觸發火警，構成人命傷害，以及重大的財物損失，家電愈多，危險性愈大。

吉凶效應

房中火星太旺，遇上吉星降臨，固然可收　時大旺，但　室之內，始終有病符及其他衰死之星，則其禍更烈，平時亦易令屋中人脾氣暴躁，心緒不寧。

化解方法

盡量移走多餘的家電，如不常用，最好熄減電源，確保萬無一失。

裝飾品

流水擺設

現代人不管信不信風水，喜歡在家中擺放一些「小型流水」的裝飾，這類裝飾五花八門，有一些是一個雲石球在滾動，有些則由石上水滾動一個假水車，更有像西方裝飾，有一系列噴水噴向一個人像等等。

信風水者相信「水」為財，流水滾動會帶來旺氣、旺財。

風水詮釋

「滾動」是沒錯，不過吉凶卻不是繫於「流水」，而是繫於風水上的無形之「氣」。這類裝飾品的「滾動」，是會帶動屋中某個方位的「氣」流動。

這種雲石球滾動流水的裝飾品頗為常見，在普通家庭以及商舖都有擺設。

吉凶效應

如果流動方位是「旺星」到，則可以帶來福蔭。但如果流動方位於衰敗方，則可帶來災病。至於屋中哪裏是旺方、哪裏是衰方，需要專家來計算認定。

化解方法

請風水專家確定生旺方位，協助擺設。

大師點評

水為財，雖然水能聚財，但是如果擺設方位不當，不僅不能達到聚財的目的，反而會引發災禍，因此要慎重擺設，以免犯忌。

水聲破屋

一如前例，在家中擺設「流水裝飾」也容易犯風水上的一些毛病。

家中不宜聽到「流水聲」，不管這流水是室外還是室內的流水。

風水詮釋

家中聽到流水聲是「破家之象」。古代在有高山流水之地築屋者，大部份是佛廟、道觀等宗教之地，居住者都是一些離開世俗「出家」之人。

吉凶效應

如果一戶家宅可聽到流水聲，現代情況是家中有人有「出世」思想及家中各人各走天南地北，聚少離多。

化解方法

把家中「流水」設備改裝，令其不會發出水聲，更要減低所用「氣壓」裝置的聲音。

特例

如是公共場所，酒樓飯館，是會影響到員工常常流失，但不會有大害。

如是宗教場所更無害。

大師點評

有些住宅為了怡情，往往會在庭院內修築一些小型的流水裝置，這正好犯了風水的忌諱，若家中聽到水聲，則屬不吉之象，會使家人分散，難以相聚。

烏天黑地

　　現代建築思想自由，有不少設計師都設計出一些前衛而不落俗套的作品，其中有人也會採用黑色塗天花，用黑雲石鋪地台等設計。風水上這些「烏天黑地」都不利於「正常婚姻家居生活」。

科學印證

烏黑色天花、地板，如果有污垢沾染在上也不容易被發現，易構成衛生問題，影響健康，所以不吉。

化解方法

改用其他顏色的裝飾材料便可。

特例

烏黑天花、地板屬水，水為財，如此如果行業上需要招財引「水」，或是一些飲食行業、歌舞娛樂與部份藝術創作行業等反而為吉。

如果某人為單身人士及本身從事上述行業，其本人不想成家立室，而命格又利有水者，不在此例。但是這種裝飾風格可能會影響其人的戀愛生活。

大師點評

黑色天花、牆面和地面，都造成烏天黑地的現象，不利於屋主的正常婚姻家居生活。

現代也有不少朋友有好「古」之風，喜歡在家中擺設一些古玩乃至一些古墓出土的器物。

「古物」也分為兩大類。

第一類是從始至終都是各「古玩」收藏家所收藏的「器物」，它們都未經「入土」，這一類可以放在家中。

第二類是從古墓中出土，已入過土的古物。這一類不宜放在家中。

風水詮釋

「已入土」的器物是陪葬品，「陰氣」極重，如放在家中，家旺時不會有大問題，家運衰落時容易使家人產生幻覺。所以《聊齋誌異》所寫「鬼怪狐仙」之事，大部份都發生在一些「孤屋」「西廂」「別苑」的地方，這與風水之説是否吻合呢？

吉凶效應

放陪葬品入屋內，易招惹一些頑疾及家人容易精神恍惚，產生幻覺。

化解方法

把此類器物「包裹」好，在別處收藏起來。

特例

在各類陪葬品中，「古玉」有「辟邪」作用，所以放在家中反可「鎮宅」。

博物館通常是「家宅」風水最壞之地，這類地方反可安放此類器物。

如有「別墅」，可仿古人把此器物安放此宅。

家中不宜放「陪葬品」

大師點評

已經入過土的陪葬品，有很重的「陰氣」，擺放在家中，會影響家人的健康，屬不吉之兆。如果想要收藏，最好將其包裹好，不要擺放在明處。

大師點評

現代人很喜歡購買一些人像雕塑回家擺放，如果是實心的，則沒有什麼關係，但最好避免購買空心的人像，以免招惹是非。

大師點評

在家中擺放這種中間是空心的人像，容易招陰招邪，輕則招惹是非，重則影響家庭和諧。最好是將這些空心人像包裹起來收藏。

人像多，小人多

現代人喜歡在家擺放一些旅行中收集的紀念品，其中包括各地的人像玩偶等紀念品，這些人像也分為兩種。

第一類在售賣當地是一種有宗教性的人像玩偶，現代被人作為工藝或紀念品售賣。

第二類則是純旅行工藝品的人像或娃娃等。

風水詮釋

這類人像，如果本身是實心的則無妨，如果是「中空」的，則可能會招陰招邪。

科學印證

人像身體是「中空」的，有一個空間容易藏污納垢，所以不吉。

吉凶效應

如果有這些身體內「中空」的人像在家，輕則易招小人指背，招惹是非，重則使家中成員的精神狀態變得較為激動，影響家庭和諧。

化解方法

如果是宗教物品則可依其傳統去供養。

如是「空心」玩偶則好好收藏便可解決。

面譜

　　在古代，面譜多用於祭神治鬼的戲曲中，是一種宗教性的表演儀式，而在某些木偶戲流派中，還存在戲台未祭白虎，花面及演員不准說話的禁忌，待木偶戲表演完畢，都要用白布蒙面譜後才可收藏起來。

吉凶效應

即使是製造木偶戲的師傅，也不會將面譜掛於屋中，以免招災，因此，一般的人如果在家中掛面譜，後果可想而知。

化解方法

平時不要公開展示，應將之用布蒙好後置於櫃中或其他私密處，需要時才打開觀賞。

大師點評

這種面譜更多的出現在祭神治鬼的戲曲中，有很多忌諱，因此不適合作為裝飾擺設在家中，否則會給家人招來災禍。

大師點評

很多家庭會買一些類似這種面譜，掛在家中，以作辟邪之用，但其實這正好犯了風水的忌諱，不但不能辟邪，反而會招惹災禍。最好的辦法就是將面譜摘下來，包裹起來收藏。

刀劍

風水詮釋

古人重文輕武，萬般皆下品，唯有讀書高，只有讀書人進可為
仕，退可為師，擁有較高的社會地位，所以家中一般都以花草
魚蟲為裝飾擺設。

刀劍往往被視為帶煞之物，除非任職武官，可抵其煞，否則甚
少懸掛於家中，及至現代情況不同，世界都以科技、工業及商貿
為主導，變得重武輕文；故此，這些刀劍擺設，不可一概而論。

科學印證

家中擺放刀劍之物，皆為利器，不小心處理，容易傷及自己及
家人，而且傷害性可大可小，輕則受皮肉之苦，重則危及性
命，因此當然可免則免。

吉凶效應

如果家中的人任文職，難抵刀劍之煞影響，容易
招惹刑事口舌及意外之事；而如果從事軍警界，
或做帶金、帶煞等行業，則未必有害；但要注意
的是，雖然從事軍警界行業的個人帶煞，對這些
擺設沒有反應，但他的家人未必個個帶煞，因此，
這類刀劍擺設也可能影響六親關係。

化解方法

當然以盡量不擺設刀劍為妙，而如果出於個人強
烈喜好或其他特殊原因非擺不可，則必須妥善收
存，如將刀口劍鋒封口，並置於非隨手可觸及的
地方為上。

特例

如上所述，出身武職（軍警界，律師等）不受影響。

老虎‧獸皮

風水證釋

古人認為，老虎、獅子等是吃人的猛獸，以其夠凶猛，故多放置於室外擋煞，絕不可留於室內當作擺設，蓋其會吃自己人之故。

科學印證

懸掛老虎畫，當然取其凶猛精炯，方為佳構；然而，問題是正由於其凶猛，望之會令人不寒而慄，不願久留。鋪設獸皮也會出現相同效果。

吉凶效應

老虎中以白虎主凶，掛畫可能會傷及六親，甚至畫家也會不得善終。其中老虎至惡為吊睛白額虎，主有喪事不吉。

化解方法

如居住環境多煞，將老虎及獸皮等置於屋外，可用以擋外來之煞，如無可選擇，則不擺為妙。

大師點評

將老虎皮擺在屋外可以阻擋煞氣，但是擺在屋內，反而會給屋主招來煞氣，為不吉之象，因此以不擺為妙。

鍾馗

風水詮釋

古代人一直堅信鍾馗捉鬼，每喜擺放鍾馗的畫像於家中，以其慓悍形象，畫中帶煞，可以辟邪治鬼，對付家中不利之事。

吉凶效應

如果不要求子，掛鍾馗畫象有辟邪之效，但如有添丁生育之意，則會對求子不利，此不可不知。

化解方法

每家每戶情況不同，視乎個人要求，如欲求子，當然妥為收存為妙，否則一掛無妨。

魚缸和竹放於文昌

　　昔云：『一、四同宮，必發科名之顯，行科則讀而優則仕；得文昌星之助，大利功名。』其中『一』代表八卦中的坎卦，五行屬水；至於「四」則代表八卦中的巽卦，五行屬木，故將魚缸或四枝竹放於文昌位，可加強文昌星的力量。

吉凶效應

得文昌星之助，子女讀書可以讀出好成績，甚至投考公職，也比別人優勝，情況一如古人考取功名一樣。

大師點評

一般認為，東南方即為文昌位，將魚缸擺放在東南方，可助子女求學投考公職等。

佛壇佛像要開光和實心

風水詮釋

一般佛像和觀音等，在古代都是用作宗教崇拜之用，因此都需要由宗教人士開光，開光的目的是要使該像立正量，以免被一些邪靈附體，而雕像中空是表示該像未經開光或是開光後已被人破壞，需要重新再造，如果雕像是實心或已密封，則該像可能有開光，邪靈也不容易進入。

吉凶效應

佛像如已開光，內裏又是實心，對有宗教信仰人士，可以心安理得，但如果未經開光，又或是內裏中空，以不置為妙。

化解方法

某人有宗教信仰可以不擺神像聖物，但一旦擺放則要依照該宗教之傳統和作法，並將神佛放在神樓之中，這是風水的戒律。

大師點評

很多人都會在家中供奉佛像，以求佛祖保佑，但所供佛像要經過開光，並且是實心的，否則依然容易招惹陰邪，對屋主不利。

佛像與祖先牌位要分壇

風水詳解

古人一直將佛壇和祖先香壇安置於不同地方分別供奉，現今社會，有些人可能因地方狹窄或不知犯忌，竟將佛壇與祖先香壇置於同一地方，而不知始終人神有別，佛像、觀音等是仙界聖人，而祖先到底只是先人，置於同壇，是對仙神界的一種不敬，而對自己的先人亦不有利。

大師點評

家中供奉的佛像與祖先牌位要分別安置在不同的地方，否則即是對神明不敬，對自己和祖先都不利。

關帝不宜看《春秋》

風水詮釋

一些在做生意，或在軍警界任職的人，特別喜歡在舖頭或工作的地方，以至家中擺放關公像，取其正氣凜然，夠煞氣，可以擋煞除魔。而關公造像，一般有三種形態，一是關公看《春秋》，一是關公持刀而立，一是關公居中安坐，後有關平周倉侍候。

三者中，以關公看《春秋》最不宜置於室內，因為那是出於「關雲長千里送嫂」的故事，也是關公一生中最失意潦倒之時。

吉凶效應

保佑力量不及其他關公像。

化解方法

擺設其他款式的關公像。

大師點評

供奉關帝像時，要選擇關公持刀而立或者居中安坐的神像，不要選擇關公看春秋的神像，它的保佑力量是最弱的。

關
帝
刀
鋒
向
門
外

　　另一個關公造像，是持刀而立，雄姿颯颯，擺放這種
造像，須留意他手持的大關刀刀鋒是向室內或室外。

風水詮釋

刀鋒向外，代表以關公的霸氣劈向室外，鏟除外在的邪魔外
道，但如果刀鋒向內則關刀劈向室內。

吉凶效應

刀鋒向外，代表以關公的霸氣劈向室
外，鏟除外在的邪魔外道，有助家宅中
人平安；但如果刀鋒向內，關刀劈向室
內，則會對屋中人不利。

化解方法

注意刀鋒方向，向內即另擇一處擺放。

室內植物枝葉不可低垂

　　現代設計為了增加「空間感覺」，往往把一些盆栽植物高高吊起，種植一些攀爬植物，低低一垂，增加美感。普遍採用的植物包括蕨科植物、藤類植物等爬牆類，它們一般都沒有硬直的莖部，或是枝葉都會柔軟地下垂。

風水詮釋

植物不管是屬何種類，栽種在室內的都應該要高高向上，這樣家運才會節節上升。室內植物下垂，家運也會不順而下跌。

科學印證

這個效應沒有明顯科學理論，但是室內的植物易影響家中人的心情，使其志氣低落，間接影響其日常工作表現。

大師點評

如果將此類枝葉低垂的植物擺放在屋內，會造成家運不順，甚至會節節下跌。

吉凶效應

如果室內栽種下垂的植物，屋內人的運氣會變得不順，有部份人更會在思想或感情上變得傾向主觀。

化解方法

把室內枝葉下垂的植物改種在室外。在室內要栽種一些有硬直枝莖的植物。竹子是一個好選擇，其他如水松樹等等。

大師點評

這種枝葉下垂的植物更適合放在屋外，或者是離主房比較遠的花廳，這樣便會避免對主房產生不利影響。

特例

「枝葉下垂」的植物，如果種在一個近室外的「花房」，離主廳較遠，則對主房並無太大影響。

大師點評

這樣的硬直枝莖的植物才適合室內栽種。

枝葉低垂植物宜種室外

　　古人一般會栽種枝葉低垂的植物在一間屋外的高牆內，或花架與籬笆處。這些攀爬植物通常是一些帶花的植物，例如薔薇、紫薇等等，它們會爬上牆上或花架後再下垂向居宅門窗外，在它們開花季節，窗外一片紫紅小花，在低垂綠葉中，非常漂亮。每當它們開花也會為家中招財招吉。

科學印證

正如前文所述，這些花木高低擺設，並無任何科學印證，但整體是以中國古代對風水，對花木「語言」所作出的統計「效果」，與西方人的「花語」不同。可能植物在屋外下垂入屋，在心裏上對家內有所影響吧。

吉凶效應

有招外財進屋的效應。

大師點評

將這種枝葉低垂的植物懸掛在屋外，可以起到招外財進入屋內的效果。

室內花木不可有刺棘

現代由於運輸方便，有不少不是本地的原生植物也可以在室內栽種。其中有不少來自沙漠，不需太多用水也能生長，適合現代人緊張的生活節奏，但它們都有刺棘，一些普遍犯忌的植物包括仙人掌、玫瑰等。

風水詮釋

室內植物有刺有棘會視為不吉。

科學印證

室內植物莖有刺棘，容易會不小心而害及人身。

吉凶效應

室內有刺棘植物會影響家內人，做事時遇上不少「棘手」及不必要的麻煩，如果中只有一兩盆小植物，影響不大，如果植物多，阻障也就越大。

化解方法

改種無刺棘的植物便可，刺棘植物可用於室外。

大師點評

在室內擺放仙人球這種本身帶刺的植物，會給家人帶來棘手或者不必要的麻煩，是不吉之象。

竹不宜彎

風水詮釋

金木水火土五行中，唯有木具有自我生長的特質，所以一般人都喜歡擺木於家中，其中又以富貴竹最常見，喜其有步步高升之意。

吉凶效應

竹生長得愈茂盛，代表家人運氣愈好，做事愈順利，位置擺放得宜，尤有利於文昌，讀書成績會更好，但須注意的是，時下出現一些頂部呈捲曲狀，婉轉而上的新品種，這些竹並不可取，如前所述，蓋竹取其步步高升之意，頂部彎曲，代表事多轉折，又有何吉利之處？

化解方法

不要貪新鮮，只取傳統上筆直之竹置於家中，彎曲之竹並不適宜。

大師點評

家中擺放竹子，取其步步高升的吉祥喻意，但像這種彎曲攀延的竹子，則代表事情會出現很多轉折，是不吉之象。

大師點評

竹子生長得越旺盛，代表家人運氣越好，會節節高升。

大葉植物招陰

古代江南園林中，種植了不少大葉的植物，例如芭蕉等。這類大葉植物多種在花園之外，而不在本宅之中，風水目的是「招財」、「庇陰」。

風水詮釋

大葉植物可以遮擋陽光，風水上有「招陰」之說。

「招陰」可以有吉有凶。因為「陰」為財，為「庇陰」，「陰財偏財」，所以如果佈局得宜，可以招「大財」。風水上有「五鬼運財」之說，「五鬼」並非鬼神之鬼，而是易經中「爻變」之「符號」，「京氏易」中的「遊魂」「歸魂」卦爻。

如果運衰或佈局失敗，可招「陰邪」，就是家中有人精神恍惚，出現幻覺等事。

科學印證

種大葉植物可遮陽光，在夏天使室外的「小環境」比較清涼，有利冷熱空氣流通。在未有空調的時代，幫助人們在炎熱下專心工作。

大葉植物種在室內，因為光線及樹影關係，易致幻覺。

吉凶效應

大葉植物種在室外，如離主屋較遠的牆邊，可生招財、有人庇護之效。

大葉植物種在室內易生幻覺及招「陰邪」等。

化解方法

不宜種大葉植物於室內。

大師點評

大葉植物容易「招陰」，會使屋主產生幻覺，招惹陰邪，因此，不適宜將其擺放在屋內。反之，如果種植在屋外，便會為屋主招財。

不宜擺放假花、乾花

風水詮釋

中國人着重「寫意」，家中擺放植物，亦因喜其有生氣，喻意吉祥。現代人生活繁忙，事事貪方便，有些人總以沒時間為理由，在家中以假花、乾花代替真花，以為有花便可，其實，若無時間打理真花，則寧願不插為妙。

吉凶效應

須知乾花實為花的屍體，已經凋謝零落，生氣全無，非但不能帶吉氣於家中，甚至會令家人惹上霉運；至於假花亦毫無價值叮言，叮不擺就不擺。

大師點評

在屋中擺設毫無生氣的乾花、假花，會使家人惹上霉運，為不吉之象。

不宜擺放空罐、空瓶

風水詮釋

空罐、空瓶如不插花或其他植物，則為上空下滿，形狀一如八卦中的「兌」卦，主口舌、是非。

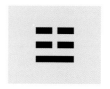

艮卦符號

吉凶效應

空罐、空瓶置於室內，易令家宅不和，常有口舌之爭。

化解方法

1. 常插鮮花或其他有生氣的植物於罐內或瓶內；

2. 將空罐空瓶包好，妥善收藏，有需要時才拿出來使用。

大師點評

這些空罐，上空下滿，形狀和八卦中的「兌」卦相符，容易產生口舌之爭，影響家宅和氣。

風水詮釋

古人購買以至擺放花草植物，皆取其吉祥的意頭，以姿態優美，品種天然為上，對惡形惡相，以至形態古怪之物避之則吉，現在坊間有取名為「五世其昌無花果」的植物大行其道，時人單取其名字而忽略了其屬性。此等無花無果的植物，風水上視為不吉，其形態怪異，並非安置於家中的好選擇。

吉凶效應

擺放無花果植物，對家宅並無吉利之兆，反而因其空心本質，對家中各人反而不吉。

大師點評

無花果這種植物，因其形態怪異，在風水上視之為不吉，擺放在家中會對家人不吉。

「五世其昌無花果」不吉

庭園

枯白山水阻礙姻緣

　　近年新界不斷發展，很多人遷入該區居住，其中有不少是高收入的「新人類」，他們捨棄了港島的高樓大廈，而選擇了低密度的平房小屋，因為後者的居住環境有較多青葱樹木，與大自然接近。

　　不過在有一些住平房的朋友，在小屋門前後的花園，設計成以小白卵石為主的日式庭園。這一種用白沙、白卵石及小量植物，以及枯樹枝組成的日式庭園，有個名堂，漢字稱為「枯山水」。

　　日本以武立國，武士道尚武尚金，故以白為尚色。加上禪宗的哲學思想，因此「枯山水」是以白沙白石為主體。

風水詮釋

這種由日本佛教禪宗發展出來的「山水」庭園，有一個特點，就是用白沙代表水，白卵石、白石代表山，而不採用綠樹真花來作擺設。因為這是僧人用來「禪定」的對象，而僧人是已出了家、脫了塵俗的「破家人」，所以這種庭園也帶「孤寡」的性質，故稱為「枯山水」。

「枯山水」庭園是日本僧人用來「禪定」的對象。而僧人已是出了家、脫了塵俗的「破家人」，所以其性質帶「孤寡」。

吉凶效應

在風水理論中，白沙白石在五行屬「金」、「白」，帶孤剋性質，故此也合禪門的原意。可用在辦公室、餐廳等沒有「桃花」、「男女」的場合，但用在住宅上則容易引起婚姻問題。小則使夫妻兩地分隔、形如「孤寡」；大則影響未婚者難結姻緣。

除此之外，在八卦卦象上，石為「艮」卦之象徵。「艮」卦是陽土為「山」為「石」，代表止，也就是停止、阻止的意思，所以也有使姻緣受阻的效應。

化解方法

庭園應以鮮活的花草樹林來設計。

以鮮花綠草為主體的庭園，會帶來勃勃生機。

家宅風水
實例

看風水要有決心

「風水」要成功，是要「天、地、人」三才配合，缺一不可，筆者經驗所見，通常「風水」不靈，主要是「人」的關係。

有不少人是找定房子，裝修造好，一切大定後才找人看「風水」，如果風水不好，他們只是「希望」風水師在這個情況下加一些「法器」便可以解決問題，但如果要他們放棄或搬遷，他們又百般不願意。

所以筆者也曾遇過，要主人造一些他不願意的改動，如果看風水而不改佈局，等如病人看醫生而不吃藥，而希望病痛不藥而癒。

所以一切往往決定於「個人」對「風水」理論的信心！

一位女性明星朋友甲找筆者替她找風水屋，筆者找到一幢「六運樓」的一個單位。

其飛星佈局如下：

原來佈局

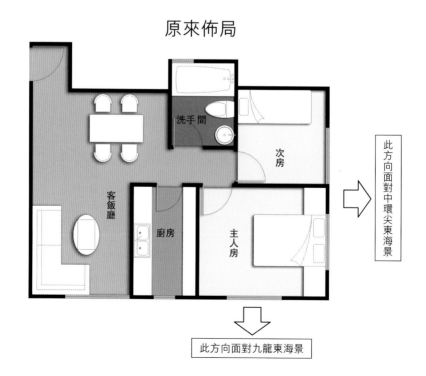

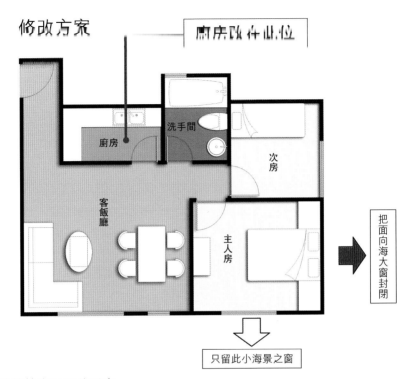

修改方案

廚房改在此位

洗手間

廚房

次房

客飯廳

主人房

把面向海大窗封閉

只留此小海景之窗

這幢樓有以下的毛病：

（一）廚房在屋之中間為火燒心之格局。

（二）主人房有兩大窗，向西大窗望見全中環、尖沙咀大海景，向北大窗見獅子山、筆架山海景較小，但兩窗相夾為「夾角窗」，運氣流散。

除此以外，其外格、排龍、樓層都合「法度」。

因此筆者要求她把室內佈局修改：

（一）把廚房改在門前，改變火燒心之局。

（二）把主人房向西最大最美的海景窗用磚封閉！把床位設於此方。

以筆者經驗，大部份人都不會捨得犧牲這「無敵」大海景。

但朋友甲時來運到，對筆者深信不疑，她依足設計改動，從不反問有沒有其他解決方法。

搬進新居後，本來單身的她在幾個月內遇上了一個有「財」有「才」的「白馬王子」。嫁入豪門後才搬離此宅。現在有兒有女，婚姻美滿。

有趣的是，她搬出後，她的妹妹入住，她也是雲英未嫁而多年找不到理想男朋友，搬入此宅後一年左右便找到如意郎君出嫁。

風水佈局講求活活潑潑

這是筆者另一位朋友乙的故事。他開設廣告公司，包辦電視及報章廣告，形象設計等工作。

辦公室開設在銅鑼灣摩頓台附近。位處的商業大廈於1990年代建成，風水上是為七運樓。

方向是坐東南向西北，亦即坐亥向巳，得出上山下水，損丁破財之局。事實上，該商業大廈其他公司，遷入後不出數年，多因生意不景遷出，原因即在於此。

原來格局

面對維港景

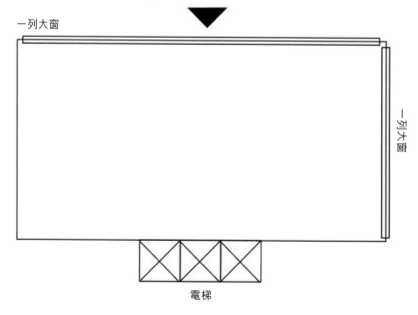

大廈總入口

一列大窗

一列大窗

電梯

改動後格局

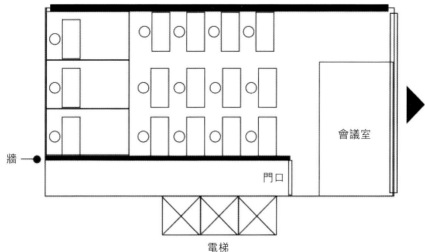

將此列窗封閉

牆

會議室

門口

電梯

筆者建議作下列改動：

1、將向維港景的一列窗封閉；

2、在電梯出口位置建一堵牆；

3、全公司座位包括房間均朝向東北面。

最大的改動是將原本坐東南向西北的格局，改為坐西南向東北，亦即風水上由坐巳向亥，改為坐申向寅，由原本上山下水變為雙星到向。由損丁破財，變得大旺財源。

事實上，要將大片維港景封閉，他的伙計難免略有微言，然而朋友乙聽從筆者的建議，於是業務大有進展，成功接洽的大客戶甚至比一般 4A 的廣告公司更多，生意額更大。

從朋友乙的例子可知，風水佈局未必一成不變，當然現實環境存在局限，但只要將風水靈活運用，加上實行的決心，往往可以創出新的局面。

附　錄

流年方位吉凶

2019年（己亥年）流年飛星局

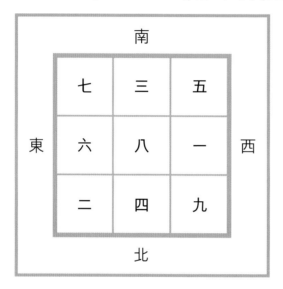

- 西北方有利
- 太歲在西北方
- 三煞在西方
- 文昌在西方
- 歲破在東南方

2020年（庚子年）流年飛星局

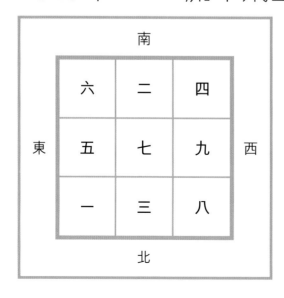

- 西方、西北方有利
- 太歲在北方
- 三煞在南方
- 文昌在東北方
- 五黃在東方，歲破在南方

2021年（辛丑年）流年飛星局

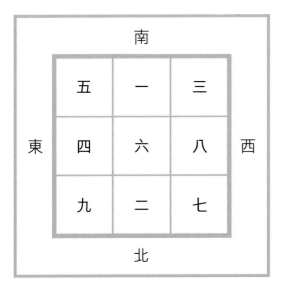

- 東北方、西方有利
- 太歲在東北方
- 三煞在東方
- 文昌在南方
- 五黃在東南方，歲破在西南方

2022年（王寅年）流年飛星局

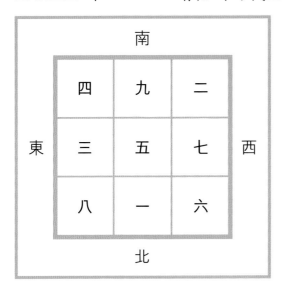

- 南方、東北方有利
- 太歲在東北方
- 三煞在北方
- 文昌在北方
- 歲破在西南方